知的生きかた文庫

なぜかミスをしない人の思考法

中尾政之

三笠書房

はじめに

完璧な仕事を実現する「20の黄金ルール」

「人間は必ずミスをする動物である。しかも同じような失敗を繰り返す。ゆえにミスは数が多くとも、互いに類似する」

これは失敗によく見られる法則のひとつである。繰り返すのは「同じようなミス」であり、「まったく同じミス」でないところがミソである。

失敗して転んだ後に、そういえば、似たようなミスを昔やったなあと気がつくのが人間である。しかし、転んでからでは遅い。転んで怪我をする前に「アッ、これはまずいな」と気づくべきなのだ。

「1件の重大災害の裏には29件のかすり傷程度の軽災害があり、さらにその裏にはヒヤリとしたり、ハッとした300件の体験がある」

これは失敗学では有名な法則で、「ハインリッヒの法則」と呼ばれる。別名「1対29対300の法則」といわれ、1929年にアメリカの損害保険会社のハインリッヒ氏が労働災害5000件を分析して導いた経験則である。現在の保険料率表は、この比率に近い数値を基にして出来上がっている。

しかし、賢者であれば、5000件もの失敗事例を必要としない。〝ヒヤリハット〟(ヒヤリとしたり、ハッとすること)が2件もあれば将来を考える。つまり、自分の1件の〝ヒヤリハット〟と、他人がやったもう1件の似ている〝ヒヤリハット〟を分析するだけで、将来起きるかもしれない1件の重大災害を予測できる。

つまり、**どんなミスや事故も共通ルールにしたがって起きており、その共通ルールを常に頭に入れておけば将来の失敗や事故が未然に防げる**、ということである。

冒頭にも書いたように、人間は必ず失敗する。それも性懲りもなく、同じような失敗を繰り返す。

しかし、自分のミスをきちんと知識化、教訓化することがミスの再発を防ぐだけでなく、逆にミスしないようなスキルやノウハウを積み上げる。そして、それが質の高い仕事をするための絶好のチャンスに変わる。

一般に仕事のできる人は、自分のミスだけでなく、他人のミスも「他山の石」として知識化し、教訓化しているものである。

「人のふり見て我がふり直せ」

これが、この本で解き明かす失敗学の真髄である。賢者はそれこそ古今東西の他人の失敗を活かすのである。

たとえば、他と似たような仕事をするときに、あらかじめ失敗データを集め、整理して共通点を見つけ出し、前車の轍を踏まないようにとプランを練る。そして、ミスしやすい箇所を上手にクリアし、完璧な仕事をする。

「愚者は体験（自分のミス）に学び、賢者は歴史（他人のミス）に学ぶ」

このたとえ通りである。


人間はミスをするもの。そしてミスを隠したがるものだ。

重要なことは、失敗したことをただただ反省することではない。また失敗した人を責めることでもない。ミスを引き起こした仕組みやシステム、構造に着目して改革することが不可欠だ。失敗学は、ミスを見過ごしたり、無視したり、隠匿したりせず、これに真っ向から取り組んで、解決策をルール化することを狙いとしている。

ミスはよい仕事をするための貴重なデータなのだと意識を変えてもらいたい。他人が失敗するたびに、自分の代わりにやってくれてありがとう、と感謝すべきである。

本書では、古今東西のさまざまな失敗事例を挙げながら、そのメカニズムを解剖し、そこから共通ルールを法則として導き出し、仕事や日常生活に知識、教訓として活かす具体的な方法までを紹介する。


私はもともと機械のエンジニアである。しかし、本書では技術屋の失敗を引っ込めて、あえてビジネスマン、経営者に役立つ失敗を集め、解析した。その結果、これまでに私が見出した失敗の共通ルールとはまったく異なったものが導けた。エンジニアだって大学教授だって一種のビジネスマンであり、この共通ルールは有効である。

要するに、小さなミスをしたとき、**「おごるな、隠すな、我が身を正せ」**でいけばよい。そうすれば、それに続く大きなミスを防ぎ、ビジネスを好転させることもできる。

本書が皆さんのミスを予防し、よりよい仕事をするための一助となれば幸いである。

中尾政之

もくじ

1章 ミスをしない人の「基本ルール」
——失敗の発生源を知っておく

2章

致命的なミスを先回りして防ぐ方法
――この〝サイン〟を見逃すな!

3章 ピンチで力を発揮する人の条件
——起きてしまったミスへの最善策

4章 ミスを将来の財産にする考え方
――できる人は、転んでもただで起きない

5章

ミスの起こらない「仕組み」をつくる
——失敗の芽を元から絶つ！

本文図版・イラスト／瀬川尚志
本文ＤＴＰ／株式会社 Sun Fuerza

1章

ミスをしない人の「基本ルール」

——失敗の発生源を知っておく

失敗の予防学①

「教訓の法則」

人の失敗は「最高の教科書」になる

失敗は見かけ上、ケースバイケースである。さまざまな条件が複雑にからみ合っているからだ。

それでもよく見直すと、失敗にいたるには、いくつかの共通した法則性のようなものがある。現に、性懲りもなく同じような失敗を繰り返している人が後を絶たない。

失敗学では、**類似の失敗シナリオ群から「共通点」を見つけ出すこと**がポイントになる。「この失敗はあれに似ている」「これはあの失敗に似ているから、この点に気をつけよう」と気づくことが重要になってくる。この「共通点」が情報の交差点にある重要なピースである。これをジグソーパズルにはめると全体像が見えてくる。

では、どうしたら、こういう能力を開発できるのだろうか。「もっと努力しろ!」

「もっと真剣にやれ！」といたずらに精神高揚策をとっても、効果はない。

失敗は情報であり、知識であり、知恵である。これらを「ナレッジマネジメント（知識管理・知識経営）」として日々の仕事に応用しているうちに磨かれていく。そのためには、まず、新聞やテレビで知った事故や自分の周辺で起きそうな危険に対して、「自分だったらどうするか？」と考える習慣をつけることが重要である。つまり、自分の場合に置き換えて失敗のシミュレーションを頭の中で行うのである。そうすると実は、過去に同じような失敗が起きていることにも気づくであろう。

私は、90名のエンジニアを集めて、今、自分に降りかかってきそうなリスクを書いてもらったことがある。そして、インターネットに載っている失敗データを「他山の石」として参考にすると、7割のリスクに対して有効な対応策が導け、予防できることがわかった。7割は自分の能力の範囲内で解決できるのである。すなわち、「危ないな」とリスクを感じたら、7割は他山の石を模範例として利用できる。似ている失敗を探せば7割の確率で見つかるのだ。

でもこんなに簡単なことがなかなかできない。多くの人は、「危ないな」と感じたリスク自体を呑み込んでしまうからである。「後でもできるから」「どうせみんなも気がついているだろうから」と勝手に思い込んでしまうのだ。「誰かがやるだろう」は「誰もやらない」に等しい。

⑪気乗りしない報告ほど、重要度が高い

ビジネスの基本に「レポートライン」という言葉がある。たとえば、上司と部下といった縦系列の報告義務関係が典型的な例である。

組織の仕事はすべてこのレポートラインで行われている。部下は上司から指示、命令を受け、部下は上司に報告、連絡、相談する。この仕組みが機能しているかぎり、仕事は正常に動いているといってよい。コミュニケーション・トラブルは生じない。

ところが、「こんなつまらないことを報告したら叱られる」と部下が情報を握りつぶしたらどうだろう？　肝心の情報が入らなければ、どんなに優秀な上司でも的確な判断など下せるわけがない。

ビジネスにとって、いちばん重要なものは「情報」である。**情報がきちんと伝えら**

れているかどうかで、成否は天国と地獄ほどにくっきり分かれてしまうのだ。


「○○社のコンペの件、どうなっている?」

「あっ、すみません。その件ですが、3日前に締め切ったそうで……」

「なに? まさか出し忘れたんじゃあるまいな?」

「なにしろ先方が急に締め切りを早めたものですから」

「どうしてすぐに報告しない! いつわかったんだ!」

「3日前です……」

「そのときにわかっていたら、対処のしようもあったのに!」

今頃、悔しがっても後の祭り。ビジネスでは、情報漏れがそのまま命取りの失敗に直結してしまう。「情断大敵」とはよくいったものだ。ビジネスマンにとって、情報とは「ホウ・レン・ソウ(報告・連絡・相談)」で生まれる。その重要さはトップも新入社員もアルバイトもさして変わらない。

「ホウ・レン・ソウ」の中でも、とくに重要なのは「良い報告」ではなく「悪い報告」である。「とうとう目標を突破しました」「受注に成功しました」という報告は後で聞いても消えることはない。

だが、顧客からのクレームや事故の発生、取引先の経営悪化といった**悪い情報こそ、いち早く「ホウ・レン・ソウ」しなければならない。**すぐに善処しなければ、それこそ命取りになってしまうからだ。

人間は「良い報告」ほど早く伝えたがり、「悪い報告」ほど遅らせがちになる。中には「ホウ・レン・ソウ」のチャンスを逸して隠蔽してしまうケースも少なくない。そのためビジネスの形勢はどんどんと不利になってしまう。

新聞沙汰になるような失敗にしても、本来ならさっさと公表して善処しておけば小さなミスで済んだはずなのに隠蔽し、とうとう隠しきれなくなり、「実は……」と白日の下にさらけ出される。そして、そのときはすでに対処のしようがなくなっている、というケースがほとんどだ。

2007年の不二家の原料の賞味期限切れ事件が典型例である。同社は事実を把握した後も、公表や回収の呼びかけをしなかった。誰もお腹を壊していなかったのだから、早く公表して対策を練れば、会社自体が存亡の危機に陥ることはなかった。

2011年の林原の倒産も同じである。会社自体は甘味料トレハロースを製造し、バイオの優良会社であった。倒産後の弁済率が93%と高いのも異例である。しかし、1984年から虚偽の決算報告を続けていたらしい。同族会社（非公開）といいながら、もっと早く直しておけば、キャッシュがあったのだから倒産することはなかったはずである。

こうならないためにも、もしあなたに部下がいるなら、「怒らないから、悪い報告こそ直ちに伝えよ」と教えておかなければならない。そして報告されたら絶対に怒ってはいけない。

「人のせいにしない人」は、ミスが少ない

目の前で誰かが致命的な失敗、たとえば、会社が倒産するかもしれないというくらいの大失敗をしたとしよう。

このときの対応は真っ二つに分かれる。

ひとつは、**「ああならないように注意しよう」**とより慎重に、より堅実に仕事を進めようとするもの。こういうタイプは、他人の失敗を「他山の石」として知識化、教

訓化できる。

こういう人にとって、失敗は幸いである。これをきっかけに、一気に膿《うみ》を出して改革できる。災い転じて福となす、の通りである。しかし、組織は成功を続けるかぎり、失敗の根本問題を看過して、解決を先送りするものである。

もうひとつは、**「あれは運が悪かったからだ。私はああはならない」**と考えるタイプである。これではどんな失敗からも知識化、教訓化できないから、同じような失敗を繰り返すことになる。

人間は見たいところだけを見る。自分がそうなると怖いから、最悪のシナリオは考えない。そういう人は、自分が前方不注意で車をぶつけても、出会いがしらの不運な事故だった、と自分に言い聞かせる。駐車違反やスピード違反で捕まっても、罰金制度を罵り、身の不運を嘆く。

弁解、言い訳、責任転嫁をいくらしたところで問題は解決しない。問題を解決するには、真っ向からこれに取り組むことから始めるべきである。

自分に非はなかったか？　――自分自身が当事者になって分析することなしに、問題点の把握、対策、改善、改良、革新はありえないのである。

以前、某大手電機メーカーの経営トップと話をすることがあったが、彼は何か問題が発生したらすべて自分の責任と考えるようにしているという。

「自分が悪いと考えれば、即座に対策を考えます。人のせい、環境のせいにしていたら、ワンテンポ、対処が遅れます」

たしかにその通りである。売上が上がらない理由を不景気のせい、政治のせい、お客のせいにしていたら、根本的な解決策など浮かぶはずがない。

売上の減少は自分の責任だと、とらえることができれば、必死になって対策を考えようとする。経営者が他力本願では株主も従業員もたまらない。

失敗は起こりうるものだが、それに対して最善、次善の手は打てる。

労働災害の専門家によれば、経営者などのリーダーが意識して安全管理に取り組んでいるか否かで、罹災率は3倍も違ってくるそうである。

経験的に導かれたこの数字は、安全管理のシステムの中身もさることながら、これを活用するリーダーの心構えひとつで結果が大きく変わることを意味している。

失敗の予防学②

「油断の法則」

「大丈夫」と思ったときこそ、丁寧に動く

失敗というのは、後で振り返れば、「あのときにこう対処しておけばよかったのに」と気づくものだ。今となっては後の祭り。覆水盆に返らず、である。

「失敗」というのは、実は事前にちゃんと「イエローカード」が出ているものである。それに気づくかどうか——ここが重要である。

この段階ですぐに対処すれば、被害は最小限で済む。

早期発見、早期対処である。

だが、中にはレッドカードが出ているのに、まったく気にせずに突っ走ってしまう人も少なくない。

仕事は慎重すぎるくらいがいい

過信というのは、命取りになりやすい。たとえば、商談でも製造現場での仕事でも、むずかしい仕事だと意外とうまくいくのに、簡単な仕事だとなめてかかり、ミスしてプロジェクト全体に悪影響を与え、結局ダメになるということがよくある。

一般に、むずかしい仕事だと自然と慎重になる。

よく考えて取り組むし、作業も丁寧になる。だから、ケアレスミスなどしないし、皆で気をつけ合っているから、チームワークもよくなり、結果として成功することが多い。

朝の駅前の自転車置き場でのこと。次から次へと通勤者が自転車を乗り入れて、前の自転車の後輪に自分の前輪がつきそうなのに、不思議とぶつからずに順番に流れるように詰めて止めていく。

ところが簡単な仕事だと、いきおい取り組み姿勢が粗くなる。そこに油断や見過ごしが発生する。下手をすると、「こんな仕事、どうしてこの俺様がやらなくちゃいけないんだ」と手を抜いてしまって失敗の憂き目にあうというわけである。昼の自転車置き場はいつも満車だ。出口のそばのわずかな幅に前輪をうまく押し込んで止められたと思いきや、隣の自転車が倒れて次々にドミノ倒しに倒れる……。

仕事ができる人というのは、そういう人間心理をよく知っている。

彼らは、仕事は慎重すぎるくらいのほうがいいことをよく知っているのだ。

「過ちすな。心して下りよ」と『徒然草』にもある。「木登り名人」は高いところでは声をかけず、根元に近づいてから声をかけた。高いところでは注意して下りるけれども、低くなるともう大丈夫だ、と安心する。そんなときに事故が起きやすい。油断が生じるからだ。そこで、低くなったときに声をかける。

過信には必ず油断がつきまとう。

「失敗の3悪人」をどう追放するか

ところで事故やトラブル、アクシデントがクビやお金で解決できるものならまだましだが、これが直接、生命に関わるとなると重大である。

ところが、命を粗末にするというか、軽視する人が少なくない。無知というか、油断というか、どうしてこんな失敗を犯してしまうのか不思議でならない。

たとえば、建設業界では毎年800人もの人が事故で亡くなっている。死亡事故の半数近くの400件弱を占める原因は、高所からの墜落である。2階、3階から落ちても打ち所が悪ければ命を落としてしまうのに、まして高層ビルの建設工事では足を踏み外したら最後、100%、命はない。

そんなことがないように、建築現場では高所作業をするときにはいつも命綱（安全帯）を装着したり、セーフティ・ネットを張るように指導されている。「労働安全衛生法」では2メートル以上の高所で作業をする場合、セーフティ・ネットや安全帯の着用を義務づけている。

つまり、作業の安全化は法律で決められ、守らなければ罰則まであるのだ。

ところが、実際には十分に守られているとはとてもいえない。400件弱という死亡事故数を見れば明らかである。これに軽い怪我などで済んだケースも入れたら、事故の件数は少なくとも10倍はあるだろう。

それにしても、命に関わるほどの重要なことである。いったいどうして徹底されないのだろうか？

理由はいろいろ考えられるが、大きな原因は次の3つである。
①**無知**……法律でセーフティ・ネットや安全帯着用義務があることを知らないので、使わない。
②**無視**……法律があることは知っているけれども、作業がやりにくくなるので、使わない。
③**過信**……「私にかぎって落ちたりしない。大丈夫だ」と考えて、使わない。

さて、無知な作業者に高層建築のような高度な仕事ができるとはとても思えない。この中で、あるとすれば、無視か過信のいずれかである。

安全帯を腰に回していても、そのフックをどこかの柱かワイヤに引っ掛けておかないと役に立たない。多くの被害者は、面倒だから引っ掛けないのである。

木造建築の棟上げでは、柱を2本立ててそれに梁《はり》を渡す。柱の穴に梁のほぞを叩き込むが、このとき鳶《とび》は梁に乗って大きな槌のようなカケヤを振り回す。しかし、安全

「失敗の３悪人」とは？

① **無知**

ミスを防ぐためのルールや
対策があることを知らない

② **無視**

面倒がるなどして、
基本ルールを無視する

③ **過信**

「自分にかぎって危険な目には
遭わない」と思い込む

帯をつけていない。もしつけていても、フックをかけるワイヤがない。柱が最初の高層物なのだからあるはずもない。その何もない最初を受け持つのが鳶なのであり、彼らの誇りでもある。

と、思っていたら、北欧ではその最初の鳶のためにクレーン車を用意すると知った。鳶のためにその脇にクレーン車のフックをぶらさげておくのである。誇りであろうが過信であろうが落ちたらおしまいである。

スウェーデンは安全に気をつける国で、世界で最初にアイスホッケーの防具を義務づけた。アイスホッケーは氷上の格闘技であり、怪我を恐れる臆病者は戦うべきでない、といわれていた。当然、防具で身を固めたスウェーデンチームは笑われた。ところが、選手寿命が短くては、プロになっても元がとれない。笑っていたチームすべてが、いつのまにか、現在、見られるような防具を身につけるようになった。

無視にしても過信にしても、意識しているかどうかは別にして、自分だけはそんなドジは踏まない、と信じていることでは同じである。それを防ぐためには、先のクレーン車や防具のように、なにかしら道具を用意すべきである。

デスクワークにおいて、書類のチェックミスはよくある失敗である。とくに書類の中身がわかっていると、過信からついつい斜め読みになってミスを犯す。

そういうときは、ハンコを項目ごとに押すようにシステムを変えるとよい。それもどっちが上かわからぬような丸いハンコで、朱印でひとつひとつ押させるのである。否が応でも押印に時間がかかって、そのときに書類をもう1回チェックするようになる。まるで儀式のように、ハンコの上はどちらかと回しているうちに、本当に書類の中身がよかったのかを思い直すのである。

無知、無視、過信は「失敗の3悪人」といってもいいほどのトラブルメーカーである。ビジネスマンなら、ルーティンワークの些細なミスから会社を倒産させかねない致命的失敗まで、この3誘因の暗躍によるものがいかに多いか、お気づきのはずである。

私は以前、42人のエンジニアを集めて、自分の失敗を犯したときの心理を分析してもらった。全部で221件のうち、無知は35％、無視は9％、過信は17％だった。総計で61％は失敗の3悪人が原因である。

失敗の予防学③

「隠蔽の法則」

失敗は隠すと10倍返しを食らう

失敗は隠したい。誰にも知られたくない。

なぜなら、あいつは無能だ、仕事ができないと烙印を押されてしまうからだ。恥ずかしいし、バカにされるかもしれない。それ以上に、責任を追及されて降格や免職、あるいは損害賠償沙汰にもなりかねない。

これだけのリスクがあれば、失敗を隠蔽したくなる気持ちもわからないではない。大きな失敗ほど隠したがるのは、個人的にこういう理由があるからだ。

しかし、隠蔽は間尺に合わない。発覚しなければ大丈夫と思っても、この情報時代に隠しおおせるはずがない。失敗を隠そうと思ったが隠しきれず、白日の下に晒《さら》されたときに失う信用は、甚大である。このほうがよほど大きなリスクがある。

皆で隠そう、という会社の中の約束は必ず反故《ほご》になる。そのうち、内部告発者が出る。天知る、神知る、我知る、子知る、である。**悪事は公開して謝ったほうが損失は小さい。**

私は、隠したほうが得かどうか、を具体的に調べてみた。すると日本ハムや雪印食品の牛肉偽装のときは、悪事で儲かる金額の１０００倍近い損失が、株価の暴落で生じた。野村證券や髙島屋の総会屋事件のときも同様である。組織にとって、隠すのは損である。普通は隠すと10倍返しである。

このことを頭に叩き込んでもらいたい。これは、失敗学のキモである。

ミスを引き起こす〝犯人〟は誰だ!?

本当に犯人を捜すわけではないが、これから紹介するのは、私が『続々・実際の設計――失敗に学ぶ』（日刊工業新聞社、１９９６年）で用いた失敗原因の分類方法である。

もし、あなたが何か失敗したとしよう。隠してもすぐにバレる。だから、いっそのこと、開き直って公開して分析してみよう。まず、失敗原因がどれに当てはまるか、自分の失敗を分類してみることである。

◇個人レベルの原因

無知……解決方法はむずかしくない

対策や解決策が既にあるにもかかわらず、本人のみが知らなかったゆえに引き起こされた失敗である。情報不足や不勉強によって失敗を引き起こしてしまう。つまり、無知である。無知を解決するのは簡単で、学べばよい。

①知識不足……一般的な技術情報やビジネス知識として既に確立しているにもかかわらず、本人とその周辺だけが知らなかったために引き起こされた失敗。

②伝承無視……企業または関係業界において既に解決済みでその対処法が語り継がれているにもかかわらず、本人がその話を知らなかったために引き起こされた失敗。

不注意……ヒューマンエラーを防ぐには

十分な注意を怠ったために起こしてしまう失敗のことである。

体調不良や疲労、あるいは多忙やストレス、焦燥感などで、つい集中できずに起こしてしまうケースである。致命的な結果に結びつくような仕事では作業そのものを中止することが大切である。居眠り運転は、不注意の最たる例である。

十分に注意さえしていれば防げたはずの失敗である。気がかりなことがあったり、体調不良や多忙のときなどに起こしがちな失敗である。

①**理解不足**……本人の理解が表面的なところにとどまっていて、本質が理解できなかったために引き起こされた失敗。

②**注意・用心不足**……本人は知識もあり、本質も理解しているにもかかわらず忙しさや面倒くささで十分な注意を払わない、あるいは用心をしなかったために引き起こされた失敗。

③**疲労・体調不良**……疲労や体調不良のため注意力が散漫になったために引き起こされた失敗。

いわゆるヒューマンエラーが不注意の中心を占める。これを分析して再発防止するには、どうしてボーッとしていたのかを、本人に何度もなぜ、なぜと質問しないといけない。労働災害報告はほとんどの原因をヒューマンエラーとして片づけ、幕引きをしている。だから、事故事例集を分析しても何が本当の原因なのかさっぱりわからない。

たとえば、高所からの転落は「どうしてその日に限って安全帯をつけなかったのか」「どうしてそのときに雑念を想起していたのか」「どうして家族のことを考えていたのか」というように〝なぜなぜ分析〟を続けたほうがよい。普通の事故事例集は「安全帯の不装備が原因」とそっけなく記してあるだけ。分析後の教訓も「忘れずに安全帯を装備しよう」の標語で終わるが、それでは別の人が転落事故をまた繰り返す。リーダーは、部下が何か深刻な問題を抱えていたら、朝礼時に顔色を見て、気づいてあげるべきである。

そういいながら、不注意は人間につきものである。私は2013年、ついにドライブレコーダーを車に付けた。その前に、止まれの交差点で右見て左見て、前に1メートル出たら右から来た無灯火自転車を引っかけた。実は左に車が駐車していて、左見ての作業が5秒かかり、自転車の人は道を譲ったと思ったらしい。しかし、証拠がなければ、私は前方不注意になり、申し開きもできない。

手順の不遵守……身勝手な行動は命取り

決められたルールや段取り、習慣、規則、約束事を守らなかったために起こる失敗である。ビジネスマンのように、チームや組織で動く場合、ひとりの身勝手な行動がそのまま失敗に結びつくケースは枚挙にいとまがない。

防止するには作業手順をマニュアルとして文書化したり、作業確認のコミュニケーションを密にすることが大切である。ただし、定式化しすぎると「マニュアルを守りさえすれば十分」という錯覚に陥ってしまう。これには要注意である。

①**連絡不足**……決められていた、あるいは行うべきであった連絡を怠ったり、その内容が十分な情報を含まなかったりしたために引き起こされた失敗。この中には連絡を受けた側の確認不十分も含まれる。

②**手順無視**……検討や連絡などで、公式、非公式に定められている手順や方式を守らなかったために引き起こされた失敗。

この手順の不遵守は、過信が引き起こす失敗としても顕在化する。有名な事故は、1977年にカナリア諸島の空港でジャンボ機同士が正面衝突した事故があげられる。インストラクターでもあったKLM機の熟練機長が、しばし待てという管制塔からの通信が聞き取れなかったのに、勝手に離陸許可がとれたと判断して離陸を始め、霧の中で走っていた滑走路上のパンナム機と正面衝突した。聞き取れなかったら聞き返せばよかったのである。プライドや過信が許さなかったのであろう。

誤判断……中途半端な知識を信じない

状況を正しく分析できなかったり、状況は正しくとらえたものの判断を間違えて起きた失敗である。判断に用いた基準や、決断にいたった手順が間違っていたため、結果として誤判断となるものもある。俗にいう「考え足らず」「考え落とし」による失敗も含まれる。

ひとつの事柄を決定するときには、起こりうるさまざまな状況を想定し、その結果までを頭の中でシミュレーションする必要がある。

①**狭い視野**……物事や起こっている事象を一面的にしかとらえられず、あるいは他

の出来事や事象との関連がとらえられず、検討・判断するときの考える範囲が狭く、考慮すべき要素が欠落したために引き起こされた失敗。

②誤った理解……起こっている事象やその背景にある作動原理、あるいは構造などがわからなかったために引き起こされた失敗。たとえば「可燃性ガスのボンベからガス漏れをしている場合に、ガスを止めようとして、普通のガス配管と同じように右回りでねじで締めたつもりが、さらに漏れ量を増した」など。

水素のような可燃性のガスボンベは、不燃性のガスの配管と間違えないように、出口には左ねじが切ってある。ボンベと配管とのつなぎ目のパッキンが緩んで増し締めをしようとするとき、右ねじと勘違いして回すとパッキンはさらに緩んでガスが漏れる。しかし、そんなことは化学産業の従事者しか知らないから、機械のエンジニアがその間違いを犯すと、無知に分類されるだろう。

③誤った認知……構造、機能あるいは事象などについて、本質的には正しい理解は

しているのだが、実際の検討や行動に当たり、思い違いなど間違えた認識をして引き起こされた失敗。たとえば、「可燃性ガスのボンベの栓の開閉方向は普通のボンベの逆であることは知っていたが、いざ行動のときに右に回した」など。

④状況に対する誤判断……何が起こっているか正しくわからなかったために引き起こされた失敗。たとえば「天ぷら油が燃えているのに単純な壁の木材火事と思い、散水消火をして火事を拡大させる」など。

2007年のエキスポランドのジェットコースターの事故のとき、その施設担当部長が金属疲労は理解していなかった、と弁明していた。リスクを理解していなかったからこそ、超音波探知を使ってクラックの進展状況を検査しなかったのであろう。部長が、仮に工学部卒だったらこの状況に対する誤判断に分類されるだろうが、経済学部卒だったら無知に分類されるだろう。1955年の森永砒《ひ》素ミルク事件では、工場長は事務系出身だったため、監督過失が科されず無罪になった。専門知識が欠落していたから事故を予見できなかった、と判断されたのである。逆にいうと本当に知識がなかったときでも、工学部卒であればリスクを予見できたと見なされ有罪になったということだ。

２００７年の渋谷の温泉施設シエスパの爆発事故に対して、２０１３年に東京地裁は設計者有罪、管理者無罪の判決を出した。管理者だって不動産のプロなのだから、配管の水抜きを怠るとメタンが排出されないことくらい予想できると思うが、裁判官は文系だから理解できなくて当然と思ったらしい。理系文系と分けることからして日本は変な国である。

調査・検討の不足……地道な予防策が必要

判断をする人が、当然もっていなければならない知識や情報をもたずに判断したり、十分な検討をしなかったことによって起きる失敗である。

実際、判断するときに、情報が完璧に揃うことはめったにない。しかし優秀な判断者ならば、判断を間違えるケースも想定して、対応策を用意する。それが危機管理である。たとえ失敗しても右往左往することは少ない。

①仮想演習不足……系あるいは装置全体として、実際に使用あるいは運転すること

を想定して、各種の条件を変動させた結果何が起こるかというシミュレーションが不足したことで引き起こされた失敗。

②事前検討不足……系や装置を構成する個々の部品や薬品、制御に関して、機能、安全性、運転特性などの事前検討・調査が不十分であったために引き起こされた失敗。たとえば、化学分野では物質の反応特性の調査が不十分で引き起こされた失敗例は多い。

失敗の原因が未知、人類初ということはほとんどない。私たちは工学に関する失敗知識データベースを、科学技術研究機構の助成で作ったが、未知は1136件のうち、たったの4％だった。

それでも事故が起きるのは、設計者が調査・検討に手を抜いたからである。製造物責任法では、世界で最高の科学技術でもリスクがまったく予見できないときは、免責される。ということは世界中の図書館のどこかに実はリスクが記載されていたら、設計者は有罪である。

つまり、調査すれば事故が予見できたと見なされるのである。調査はつまらない作業ではあるが、手を抜いてはならない。

◇組織レベルの原因

未知が原因の失敗が4％ということは、既知は96％を占めることを意味する。何でわかっていて失敗するのか。それは、設計者の所属する組織が「そのくらいは平気だよ」とささやいたからである。

企画不良……スタート地点にある落とし穴

企画や計画そのものに問題がある失敗。

企画が前任者や上司の発案によるものであったりすると、往々にして失敗の責任を下位の実働部隊がとらねばならないことがある。

①**権利構築の不良**……特許などの権利を取得できなかったり、他者が所有していたために必要十分な権利が構築できず生ずる失敗。

②**組織構成の不良**……組織構成が、事業の推進や発生する課題などに適合できずに生ずる失敗。

③**戦略や企画の不良**……企画や計画そのものに問題がある失敗。役割分担が明確な企業のような組織では、企画する者のほかに実行する担当者がいるのが普通である。アイデアそのものが悪ければ、担当者がどんなに頑張ってもうまくいくはずがない。売れない商品はどんな優秀な営業マンでも売れない。

すべてをご破算にしてやり直せばいいけれども、企画や計画がリーダーの発案であったりすると、企画や計画そのものが問題にされず、その下の実行者に失敗原因が帰せられることが往々にしてある。失敗知識データベースでも、本当はもっと多いと私は思うが、この不良はわずか5%である。

価値観不良……自分の常識は、誰かの非常識?

価値観が周りと食い違っているときに起きる失敗。組織内のルールばかりを重視して、自企業の利益を優先させすぎる会社が、一般に守るべきルールを踏み外した結果起こる失敗例などがある。

過去の成功体験に頼ったり、ルールばかりを重視していると、経済、法律、文化などの面から常識的な理解、適応ができなくなり、そのことで失敗を招いてしまう。

価値観不良による失敗は、最近、とくに行政機関に多く見られる。薬害エイズ問題などはその典型例だった。本来、国の機関は国民利益を優先させるのが鉄則だが、患者側に立たずに製薬会社側の状況を慮《おもんぱか》った結果、ＨＩＶに汚染された血液製剤の流通を許して傷口を広げてしまった。

企業の指導以前に国民利益を優先するという価値観が国の機関に欠落していたのである。

①異文化への理解不足・不適応……生活習慣の違いや、心情の違いなど価値観が周りと食い違い、自分と異なる文化に対して理解・適応することができないために引き起こされる失敗。海外からの導入技術などでは、単位系や技術標準の違いによる勘違いや換算ミスによる失敗も多い。

②組織文化不良……組織内ルールを優先して公のルールをなおざりにしたり、社会に対する責任の不在、強すぎる上意下達、横断的連絡の不在な

どの悪しき組織文化が原因で引き起こされたと思われる失敗。たとえば、雪印食品、日本ハム、あるいは三菱自動車などの失敗がそれにあたる。

③安全意識不良……

「安全は事業所の仕事、安全管理部の仕事」といった意識、安全管理部は規則を作り管理監督をすれば事足りるといったような、「誰かが実際の安全を守るだろう」といった意識や、「利益が第一で安全対策は金がかかるからできるだけ誤魔化せ」といったような意識などが原因となって引き起こされた失敗。

たとえば、1984年にインド・ボパールで毒物が漏洩して3828名が亡くなった悲劇はそれである。前述したように、工学の事故の原因はほとんどが既知である。わかっていながら何も対策をとらなかったのは、エンジニア個人だけでなく組織が鈍くなったからである。このため、失敗知識データベースでも安全意識不良は37％と多い。

組織運営不良……ミスが起こりやすい組織とは

組織がきちんと物事を進めるように動かないために起きる失敗である。

リーダーが判断を誤ったり、組織の運営を修正しなかったりすると問題を大きくしてしまう。最たるものは、リーダーが失敗を失敗と認識できずに見逃してしまうことだ。

バブル期、拡大路線で失敗した大手百貨店そごうの倒産や、対策を打たずに被害を拡大させた雪印乳業の集団食中毒事件にも組織運営不良が見受けられた。

いずれもリーダーの判断ミス、組織運営を修正する決断ができなかったために失敗を大きくしてしまった。

①**運営の硬直化**……縦に長い組織だと、組織構成員の責任と権限が不明確で問題事項が先送りされやすい。軽微なことでも統括者に決裁権限がある、または迅速かつ適切な意思決定ができる、というのは理想の組織だが、そうならずに失敗は引き起こされる。

②**管理の不良**……トップの指示が現場にまで伝わらない、現場の状況をトップが知らない、上司が部下を放置したり適切な指示をしない、現場を見ないなど、管理側の問題が原因で引き起こされた失敗。

③**構成員の不良**……部下が報告を上げない、勝手な判断で行動する、勉強する意欲

がないなど、主に管理される側の問題が原因で引き起こされた失敗。

④環境調査の不足……使用環境や経済環境などに対する調査が計画当初に不十分だった、あるいは計画検討中に状況が変化しているのにフォローが不十分だったり、不適切な調査に終わったために起こった失敗。

明らかにリーダーが悪いという証拠があれば、失敗はここに分類される。しかし一般に、裁判でも起こさなければ証拠はなかなか見つからない。2000年の雪印乳業の集団食中毒事件でも、もちろん社長が製品回収を遅らせるような指示をしたわけではない。当時は雪印グループが多角化を目指しており、一部門の乳製品にトラブルが生じても、役員全員に危機感が生まれず、対応が少しずつ遅れてしまった。これは①運営の硬直化に含まれるであろう。

◇個人・組織のどちらの責任にもできない原因

環境変化への対応不良……時代はどんどん流れていく

新しい企画を始める場合などには、ある外的条件を想定してスタートするが、当初想定した条件が時間の経過とともに変わってしまい、その変化に十分対応できずに生ずる失敗。

①**使用環境の変化**……当初想定した使用環境が時間の経過とともに変わってしまい、その変化に十分対応できずに生ずる失敗。

②**経済環境の変化**……当初想定した経済環境（たとえば、為替や金利など）が時間の経過とともに変わってしまい、その変化に十分対応できずに生ずる失敗。

製品の価値の〝賞味期限切れ〟がこの中で最も多い。当時は最高級の製品を生産していても、世の中の制約条件が変化しているから、いずれはその品質が許されなくなる。1970年頃のボウリング場や1980年頃のスキー場は最高級のエンターテインメントを供給していたが、数年後にブームが過ぎると負債しか残らなかった。どこまでが失敗なのか。この境界となる値でさえ変化する。

2006年に福岡で飲酒運転の車が追突事故を起こし、幼い子供3人が亡くなった。

この事故を契機に飲酒運転は厳格にチェックされ、ついでに未成年者の飲酒まで看過されなくなった。昔は、お酒は大学になってから、と思っていたのに、今は新歓コンパで18歳の若者に酒をすすめたら、教授はクビである。

◇誰の責任でもない原因

未知……完全な想定外も起こりうる

世の中の誰もがまだ知らなかった現象が原因となって起きる失敗。

未知による失敗はいたずらに責任追及してもしかたがない。「失敗は成功の母」「もって他山の石とする」というときに語られる失敗がこれだ。

「失敗史」をひもとけば、未知による失敗について真摯に原因を追究することで、私たちは解決案を集積してきた。そういう意味では、未知による失敗は忌み嫌うものではない。

①未知の事象発生……今までの原理、真理、公式とされていた知識では理解できない事象が起こることによって引き起こされた失敗。

②異常事象の発生……よく考えれば、今までの真理、定理とされてきたものや経験から理解できるが、その事象について、まだ経験や報告がなかったために引き起こされた失敗。

しかし、前述したように、ここに分類される事故は少ない。失敗知識データベースでも4％であるが、その多くは想定外の自然現象（強風や大地震）や、突然変異のバイオ事件（ＳＡＲＳやＨＩＶ）である。

２０１１年の福島第一原発の事故はここに分類されるのだろうか。現在、大津波は１０００年に１回の想定外の事象であり、ここに分類される。しかし、それでも原子炉を減圧できず、消防車から注水できなかったことは、既知のバルブ緊急操作方法を無視してきた慢心が原因である。３時間以内に減圧できれば、スリーマイル島と同じレベル５で済んだはずである。アメリカの原発は２００１年のＷＴＣのテロ事件以来、飛行機が突っ込むことを前提に緊急対策を万全にしてきた。「日本は平和だからテロはありません」といって、アメリカが見せてくれた対策集Ｂ５ｂを無視した保安院こそ、慢心の元凶といえよう。

1章のまとめ

・似ている失敗例を頭に入れておけば、7割のミスは事前に防げる

・「いい情報」より「悪い情報」をいち早く伝えるようにする

・「ミスは自分の責任」と考えると、対策を即座に考えられる

・ミスの主な原因は、「無知」と「無視」と「過信」

・ミスは隠そうとすればするほど、自分が痛い目に遭う

・ミスの原因には、個人レベル、組織レベルなどの段階がある

2章

致命的なミスを先回りして防ぐ方法

――この〝サイン〟を見逃すな！

失敗の予防学④

「予兆の法則」

「まさか!」を芽のうちに摘み取る

世間を騒がせるような大事故を調べてみると、えてして誰もが注意していなかった些細なことが原因になっていることが少なくない。いつも気にしているところは、失敗しない。たとえ失敗しても、対策をあらかじめ用意しているから大事にいたらない。

失敗すると、「ありえない」「想定外だ」「予想外だ」と当事者はいうけれども、つぶさに調べてみると、「このときに気づいていれば防げたものを……」と後になって悔やむことが実に多い。1章でも述べたように、失敗には必ず予兆がある。つまり、予想外でも想定外でもなくて失敗の予兆に気づかず見逃していただけである。

失敗の予兆というのは、拍子抜けするほど小さい。しかし**失敗が予兆なしに突然、偶発的に発生することなどありえないのである。**ましてや大事故になればなるほど、予兆が必ずあって、神様は何度もサインを送っているのである。

２００３年４月にオープンした六本木ヒルズ。「21世紀最初の大規模開発プロジェクト」として注目を浴び、先端技術や最新設備があちらこちらに導入された。たとえば、ビル入口には建物内の気圧や温度を一定に保ち、経済性も優れている最新式の自動回転ドアが設置された。

オープン１年後、２００４年３月26日、男児（６歳）が閉まりかかった回転ドアに駆け込んで、ガラスドアと外壁部の間に頭を挟まれ、頭蓋骨圧迫による脳内損傷のために死亡する、という痛ましい事故が起きた。

六本木ヒルズを管理、運営する森ビル側と回転扉を設置した三和シヤッターの間には、弁明にも食い違いが多かった。「回転扉のスピードをわざわざアップさせた」（三和シヤッター側）に対して、「そんな指示はしていない。報告書にも記載されていない」（森ビル側）と真っ向から反論した。

大量にお客が集まって少しでも早くさばかないと困るビル側の主張と、元々の設定速度を変えなければならない業者側の手間暇とを天秤にかけると、どちらが嘘をついているか、なんとなく見えてくるが……証拠はない。業者側はビル側に「スピードが速いのでもう少し緩慢にしてはどうか？」というアドバイスをしていたらしい。アドバイスといっても科学的な安全の根拠がなければ、定性的な感情論であり、どっちもどっちである。後日、事故を起こした森ビルの管理責任者は「事故を受けて救護室の記録や事故速報などを調べたり、聞き取り調査をして、（類似事例を）はじめてまとめた」と述べている。

２００７年のエキスポランドのジェットコースター事故の管理者と同様に、リスクに気づいていなかったのである。当然、回転ドアをめぐる一連のトラブルのための根本的な予防対策は、死亡事故が起きるまで会社としてまったく考えていなかったのであろう。

「最初の予兆に気づく」カギ

三和シヤッターでも、数多くの予兆、すなわち、小さな事故やトラブル情報が担当者レベルに上がっていた。しかし構造的に解決することを考えず、親の注意不足、本人の不注意、たまたま起きた偶然のトラブルなどと解釈していたから、真剣に対処しなかったと思われる。事実、この死亡事故が発生するまでに40件を超える事故が発生していたのであるが、適当にセンサーを調整してお茶を濁していた。

エンジニアはこのような対症療法的な調節を〝だまし運転〟と呼んでいるが、センサーの感知の値を設定し直して、だましだまし運転していたのである。

「最初の予兆＝小さなトラブルや軽い事故」が発生した段階で、これは大事故、大惨事につながるかもしれない……という危機感さえあれば、その後の事故は１００％防げたはずである。

子どもの不注意説、親の管理怠慢説をとる人は、「子どもは大人が考えられないようなことをする」と指摘するけれども、それはあまりにも子どもの行動原理を知らないとしかいいようがない。子どもの身になって考えれば、あるいは自分の子ども時代を思い浮かべれば、あのクルクルまわる回転ドアは魅惑的な異次元の世界で、一刻も早く駆け込みたいと感じても何ら不思議ではない。

１９９８年に埼玉県の小学校で、誤作動して閉まり始めた防火シャッターの下をくぐろうとした小学生が首を挟まれて死亡した。くぐろうとしなければよいといったって、ぎりぎりセーフで滑り抜けられる、とこの子は思ったのである。子どもという生き物はいったい何をするかまったく予想がつかない。常に想定外、予定外に好奇心のおもむくままに動く生き物だから、危険と隣り合わせにいる。親もそれはわかっていたはずだ。

「はじめに」で述べた「ハインリッヒの法則」では、1件の重大災害の裏には29件のかすり傷程度の軽災害があり、その裏にはヒヤリとしたり、ハッとした300件の体験がある、としている。ただし、この比率自体はあまり意味のない数字である。日本でいえば大正時代に提唱された、労働災害における比率のデータだから、単純に現代には適用できない。重要なのは、**大事故にいたるまでには多くの予兆が生じており、対処するチャンスが何度もあった**、ということである。

三和シヤッターは、六本木ヒルズ以外にも多くの回転ドアを設置していたから、実は〝ヒヤリハット〟（ヒヤリとしたり、ハッとすること）の報告が山ほど溜まっていたはずである。でも死亡事故は起きていなかった。

エスカレータだって死亡事故が起きていないだけで、2006年でも東京都内だけ

「ハインリッヒの法則」とは？

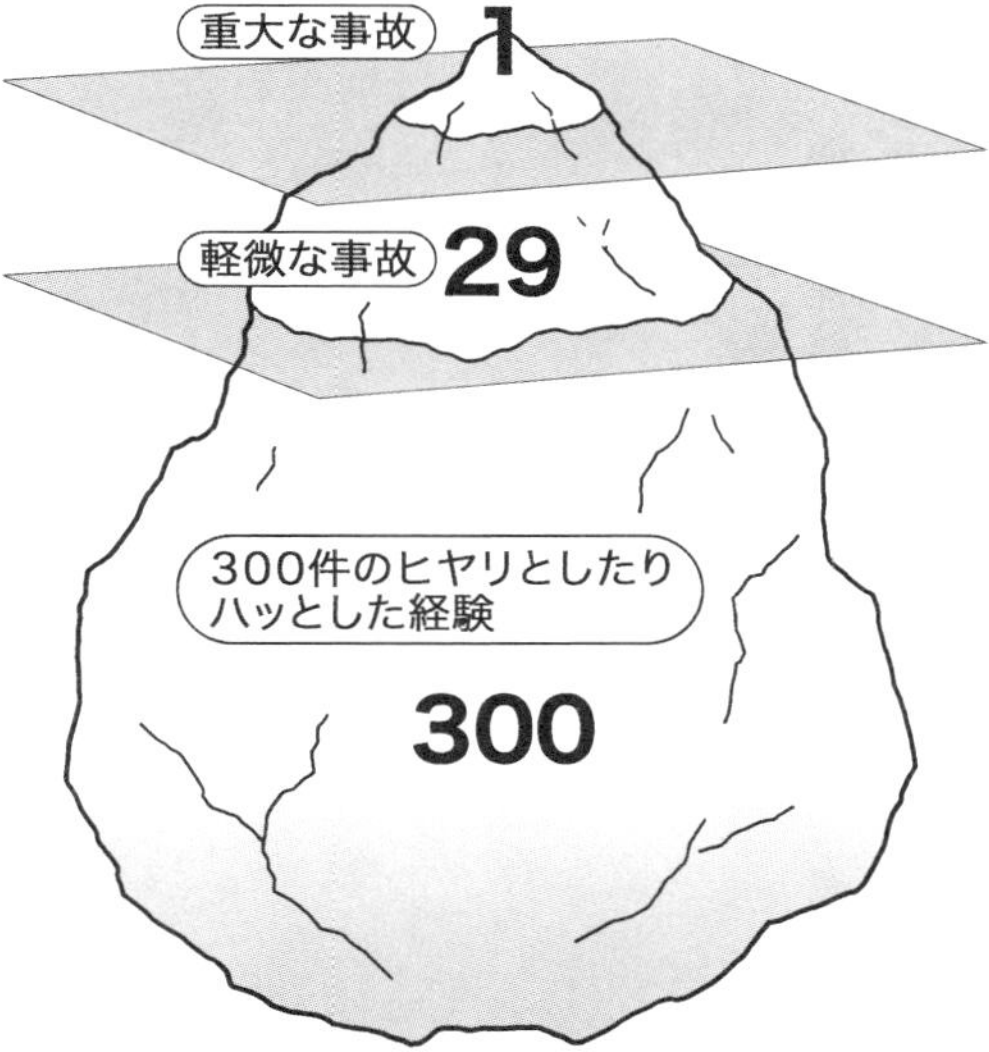

氷山（大きなミス）は海面下に
巨塊（小さなミス）が隠れている。
仕事におけるミスの発生率は

1：29：300

となる。

で1年間に1万件近く小さな事故が起きている。そのうち5件は被害者が重篤・重傷である。入口で将棋倒しになったり、下りエスカレータで追い越してきた人に引っ掛けられて転落したり、危険な予兆はたくさん起きている。でも痛ましい死亡事故が起きないと設計者は改善しない。

〝人柱〟が立たないと安全対策は進まないのである。

事故はたとえヒヤリハットや予兆が起きなくても防ぐことができる。自分でリスクを仮想的に想定すればよい。たとえば10分後に震度6強の大地震が起きたらどうするか、と考える。携帯電話に緊急速報が入るから、まず10秒以内に室外か廊下に出るだけで生存率が高くなる。

1982年に建築基準法の耐震基準が改正されたが、これ以後と以前で、建物の被害が大きく異なる。軽微・無被害の分類を比較すると、以前で35%、以後で75%と2倍も安全になる。阪神・淡路大震災では死者の88%が家屋・家具による圧迫死だから、生存率も2倍になろう。

2006年にシンドラー社製のエレベータが扉を開けたまま上昇して高校生が挟まれて死亡する事故が起きた。その後、多くの似たような事例が報告され、さらに詳細

致命的な失敗にいたるプロセス

①「あれ、何か変だな」
絶対安全だと思っていたところでハプニング発生
②「今度も大丈夫」
予兆を無視して強気に出る
③「対処する時間がない」
あっという間に致命的状況になって対処不能に陥る

に調査すると、全国70万台のうち、数十台のロープの一部分が切れていることもわかった。問題は定期的にメンテナンスをしていたはずなのに、長年、業者が気がつかなかったことだ。安く検査する独立系の業者が増えて丁寧に検査するというモラルが崩れたのも一因である。

この高校生の死亡事故を含めた、シンドラー社製のエレベータの一連の不良の原因は依然、不明である。

警察が原因究明して立件できればよいが、単純にはいかなさそうである。目で見える機械的な摩耗ではなく、電気回路の誤動作かもしれない。2012年にも金沢でシンドラー社製のエレベータは同様な事故を起こしており、上昇したエレベータに挟まれて女性が亡くなった。しかし、仮に原因がわかって対策が法律になっても、建築基準法は既存不適格を原則にしているので、設計当時に合法であれば、改善する必要はない。つまり、シンドラー製を含めて現在の70万台は改善されないまま使われる。日本は変な国である。

失敗の予防学⑤

「自信過剰の法則」

自分勝手な〝カイゼン〟は命取りになる

想定外、予想外のことをするのは、なにも子どもだけではない。大人の世界でも少なくない。

「このほうがやりやすいから」と正規マニュアルを無視して、いつの間にか勝手に自分の「裏技」を優先してしまう。やりやすくて同じ効果があるのだから、作業のカイゼンとすら考えてしまう。

たとえば、自動車の中をきれいな〝居住空間〟にするために、土足禁止にし、靴をはかずに運転する若者は多い。しかし、急ブレーキを踏むときの衝撃は大きいので、靴をはかないと強く踏めない。サンダル、つっかけ、スリッパをはいて運転する人も多い。そして疲れるとサンダルを脱いで素足で運転する。

このとき、もしもサンダルがブレーキペダルの下にあったら、踏んでも利かなくなる。こういった想定外の使用法による失敗が起きても、単なる不幸なヒューマンエラーと考えるかぎり、失敗は永遠になくならない。

自己流のカイゼン作業をするとき、そこには「科学の目」はまったくない。もちろん、多くの人は、その「使い方」が命取りになる可能性があることを「理解」することはできる。

しかし、**リスクをしっかり認識していないと、「学ぶ」ことはできない。**

マニュアルの設計者も作ったらそれで終わりではない。〝裏技〟が生まれないように、つぶさにチェックしなければならない。

マニュアルの意味を理解できているか

マニュアル無視の自己流のやり方、自分勝手な仕事の進め方は、えてして「仕事ができる」と自他ともに認める人に少なくない。

なぜなら、仕事ができるだけに、後生大事に周囲が守っているやり方が陳腐に見えてしまうからだ。

「マニュアルは仕事ができない人向けのテキストだ、私には必要ない」とさえ認識しているかもしれない。

こういうタイプは、本社や上司にいちいちホウ・レン・ソウなどしない。その場その場でどんどん話を進めてしまう。かつて、海外で揶揄《やゆ》された日本人ビジネスマンのテレックス・セールス（条件折衝のたびにいちいち本社にお伺いを立てる方法）、とは無縁の人物である。

得意先から見れば、リーダーシップが感じられて頼もしくさえ見える。

かといって、本社から全権委任されているわけではない。やはり、ある一定のルールの下で仕事をしていることに変わりはない。

にもかかわらず、独断専行してしまう。となれば、当然、ときにルールを逸脱してしまい、挙げ句の果てには致命傷を被ることもある。

都内の某事務機器販売会社のケースだが、30代のとても優秀な営業マンがいた。目から鼻へ抜けるとは彼のためにあるような言葉で、頭の回転の速さとシャープさでいつも業績トップを誇っている。

とくに彼が得意にしていたのは新規顧客の開発である。新聞や雑誌を事細かくチェックして、自社商品の売り込みに活用する。広い人脈を活かして次から次へと新しい得意先を紹介してもらう。

まさに頭と足の両方をフルに使った営業だ。これだけ会社に貢献していると、ある程度の裁量は任せてもらえるようになる。たとえば、大型コピー機やＦＡＸの値引きなど。

しかし、好事魔多し。

知人から新規のお客を紹介されたのだが、そのうちの１社で取り込み詐欺に引っかかってしまったのである。

取り込み詐欺とは、相手を信用させて、まとまった商品を納入させ、代金を支払わず突然その商品をもって逃げてしまうもので、詐欺の中では代表的な手口とされる。

詐欺師は、実際、どうするかというと、最初は少しだけ取引をするわけだ。もちろん、支払いは現金払いである。日を置かずに次の注文を入れる。今度は少しまとまった金額だから、支払いは1週間後にすると約束する。これもきちんと履行する。

そして、それから数日後――。

「まとまった注文をしたいけど、今、手持ちの現金がこれしかないんです。なんとかなりませんか？　一生の頼みです」

「わかりました。しかし、今回だけですよ」

「いやぁ、助かります。もちろん今回だけにしますよ。では、1カ月後の手形払いでよろしいですね？」

「結構です」

もちろん、1カ月の手形（実際には小切手の回収）など落ちるわけがない。慌ててオフィスを訪れてもすでにもぬけの殻というわけだ。納品するときには変な様子もなかったのに……と悔しがっても後の祭りである。**失敗とはいつも「後の祭り」なのだ。**

この営業マンも同じような手口に引っかかった。このミスは典型的な自爆だけれども、ヒューマンエラーで片づけてはいけない。彼が失敗した理由は、ひとえにルールに則っていなかったからである。

失敗原因は取り込み詐欺というよりもルール違反にあるのだ。ルールさえしっかり守っていれば、かなりの確率で防げたはずである。

独断の行動は、ハイリスク

この会社のルールでは、取引の浅い会社からのまとまった発注には社長決裁が必要、とされていた。にもかかわらず、彼はこのルールを完全に無視した。自分勝手に即断せず、せめて直属上司に相談してもよかったのではなかろうか。

あるいは、先方に「少々、お時間をいただけますか？　持ち帰って責任者と相談したいと思います」となぜいえなかったのだろうか。

そうすれば、「まだ取引数カ月では信用できない」と上司は却下したかもしれないし、「納入前に半額分だけ払ってもらいなさい」とアドバイスしたかもしれない。

しかし、彼はそうしなかった。

なぜか？

そこには、「いちいち人に相談する必要などない。儲かる話なのにそんな指示を仰ぐ必要はない。そもそも、この商談は自分がまとめたのだ。会社は自分の働きがあって成立している」という過信があったと思う。

前述の「油断の法則」の延長がこの「自信過剰の法則」である。今回、詐欺に遭わなかったとしても、いずれどこかで遭っていたはずである。


このような失敗は、幸か不幸か、仕事ができない人は永遠に遭遇しない。仕事ができない人は自分に自信がないからなんでも周囲にアドバイスを求める。

だから、大きな失敗はしない。一方、仕事ができる人は自分の力に自信をもっている。結果として、独断専行してしまうのである。

ルールをきちんと守ることさえ配慮していれば、トップ営業マンがこんな失敗でミソをつけることもなかったはずだ。

百日の説法屁《へ》ひとつ。

百日の厳粛な説法も説教者の最後の屁ひとつで台無しになる。

失敗の予防学⑥

「徹底解決の法則」

小さなクレーム無視が〝地雷原〟になる

前に述べた「ハインリッヒの法則」は、なにも事故や災害だけにあてはまるものではない。営業部門ならクレーム処理でこの法則がいくらでもあてはまるはずである。たとえば、1件の重大な取引停止の裏には、取引停止までにはならないまでもそれに近いようなトラブルが29件あり、その裏には300件もの愚痴や苦情、文句等々のクレームがあるはずだ。

もし、あなたの会社や、あなたの会社の商品に対して**顧客からクレームがあったとしたら、それは1件だけにとどまらない。**まだまだ多くの取引停止予備軍が潜在的に存在していることを覚悟しておかなければいけない。

「1件の取引停止などたいしたことない」

と見過ごしてしまうか、それとも、

「今のうちに徹底的にチェックしておこう」

とすぐに行動に出るか。

この違いで運命は大きく変わってくると思う。失敗の予防学①「教訓の法則」の変則版がこの「徹底解決の法則」である。


ハンバーガーを食べたお客が喉に針状のものが刺さって入院した、というクレームが店に入った。

店長が病院に飛んでいくと、たしかに目の前のレントゲン写真には喉に針状の金属が刺さっているのが見てとれる。形から類推するに、どうやら調理用鉄板の研磨に使用している金タワシの破片と判明。普通、鉄板は清掃後に拭き上げる。さらに翌朝、もう一度丁寧に拭き上げてから使用するのだが、このときはどこかにミスがあり、タワシの屑が残っていたのである。

店長が何度も謝罪に訪れるものの、入院中のお客は許してくれない。どうすれば解決できるのかと聞くと、社長が謝りに来いとのこと。サラリーマンとしては、多忙な社長の手を煩わせたくない。それに社長に失敗を知られたくないという気持ちもあったかもしれない。そこで、なるべく上の上司を連れて行ったのだがやっぱり納得してくれない。当然である。お客は社長に謝罪してもらいたいからだ。

仕方なく社長に相談すると、謝罪に行こうと即断（でもなかったと思うが）。社長の登場で怒っていたお客の気も晴れたのか、ひやひやながらもクレーム処理は終わった。

だが、これで喜んでいいのだろうか？　今回のクレーム処理は絆創膏《ばんそうこう》を貼り付けるような対症療法であって、根本治療とはいえない。

社長が謝っていくら相手が納得してくれたところで、もともとの原因の異物混入問題はまったく解決していない。**解決していなければ、いずれ同じようなトラブルが発生することは目に見えている。**

根本的な問題解決とは、この場合、トラブルの原因である異物混入を取り除くことにある。研磨用金タワシの破片が、またどこかで食品や飲み物に混入する可能性は十分ある。今回の事故ではたまたま大人の喉に刺さったが、これが幼児の小さくて弱い喉を傷つけたりしたら、破れた血の塊が喉を塞いで窒息させないとも限らない。
そう考えれば、社長の謝罪など単なる「対症療法」に過ぎないことがわかろう。より重要なことは、調理スペースで異物混入を発生させないことではないのか？

このチェーン店のオーナー社長は、さすがに一代で大きな会社を作っただけあって、失敗の本質、失敗の根本的解決の重要性を見逃さなかった。病院を出た瞬間、この店長に、このミスの原因追究と徹底解決を命じた。

原因は簡単にわかった。グリドル（鉄板・フライパンのこと）研磨用に金タワシを使っていたから、その破片が発生し、それがハンバーガーに紛れ込んでしまったのだ。

では、対策は？　破片が紛れ込んでいるかどうか、ハンバーガーをエックス線で一品一品チェックするのか？　コスト的にそんなことは現実的ではない。ハイジャックではあるまいし、空港の手荷物チェックシステムを導入するわけにはいかないのだ。

問題は金タワシにあるのだから、これを使わなければいい。ただし、金タワシを使わなければ鉄板にこびりついた油がとれない。

それでは、金タワシの代用品を開発すればどうだろう？

たとえば、鉄板の油をきれいに拭き取ってしまう強力な洗剤を開発してみては——？

そして、この仮説に基づいて、すべての洗剤を研究し、洗剤メーカーとのコラボレーションでとうとう新しい洗剤を開発してしまったのである。この間、5年である。

彼が開発したグリドルクリーナーのおかげでこのチェーン店では食中毒事故が1件も起きずに済んだ、というおまけつきである。

“声なきクレーム”に耳を傾ける

全米レストラン協会の統計によると、店舗のサービス、商品、クレンリネス（清潔さ）などに不満を抱いても、96％のお客は店に直接クレームをいうことはないという。

つまり、不満を持ったお客のわずか4％しかクレームをいわないのだ。たとえば、年間1000件、メールや電話でクレームを受けるようなチェーン店の場合、実際に不満を感じているお客はその25倍の2万5000人もいることがわかる。

ここで、考えてもらいたいのは、クレームをいちいちいってくるお客はよほど怒っている人である、ということだ。

また、クレームの怖さは、クレームを示さない96％のうち91％は二度と来店しなくなることにある。文句をいっても、何度も来てくれる常連がなんとありがたいことか。

また、こういった悪評は口コミという手段で燎原《りょうげん》の火の如くに広がってしまうのだ。これは想像もつかないほどパワフルであるだけに影響甚大である。

わずか1件のクレームではないのだ。1件のクレームの裏にはこれだけ多くの「時限爆弾」が内包されていることを認識しておかなければならない。

ましてや、せっかくクレームをいってきてくれたお客には真摯《しんし》に対応しなければいけない。

料金をサービスしたり、無料券をプレゼントするケースもあるだろうが、真摯に対処しておかなければ大変なことになる。

ところが残念なことに、現実を見ると、お客のクレームに対してこれだけの危機感をもって対処しているケースは少ない。何度もいうが、**1件のクレームの裏には莫大なお客がいる**ことを忘れてもらっては困るのである。

間違いのない〝クレーム〟処理のしかた

ところで、クレームとひとことでいっても、大きく「異常」「苦情」に分類される。

《クレームの種類》

①異常

◇自ら発見する

◇社内の他部門から指摘される

②苦情

お客から直接指摘されたクレーム。苦情は口コミで広がる懸念もあるし、損害賠償に発展する恐れもある。

顧客の気づかなかった異常は、対外的に問題ではないと軽視していると、不二家のように存亡の危機に陥る。天知る、神知る、我知る、子知る、である。自分が気づいたときは、皆が気づいたときである。そこで隠したら前述の失敗の予防学③「隠蔽の法則」にしたがって、失敗は大きく成長して爆発する。一巻の終わりである。

　1999年の東芝のパソコンのフロッピー装置の米国集団訴訟では、まだ誰からも壊れたという苦情がなかったのにもかかわらず、壊れる恐れがあったものを売ったというだけで責められて、結局、1100億円で和解した。

　しかし、苦情に対する初動を間違えて大衆活動に発展すると、もう手がつけられなくなることはたしかだ。


　また、クレーム対処では次のことに留意したい。

①解決システムの構築

　クレームをなくすには、クレームを否定せずに真摯に受け容れることが重要である。原因を追究し、再発を防止する。あるいは、未然に防ぐためにシステム作りを考える。

②類似クレームの調査

　クレームはひとつの店や部門、チームにたまたま発生したように見えても、実は他でも似たような小さなトラブルは必ず発生している。そうしたデータや体験談を集めてみる。

③クレーム追究チームの発足

調査チームのリーダーを決め、データを調査し、原因と再発防止策を考える。そして、この解決策を全社に文書化した情報にして流し、実行を徹底させる。

④情報のフィードバック

解決案を実際に現場で試してみてどうだったか、吟味する。まだ解決策として甘ければ、さらに研究を進める。

⑤解決策の効果測定

解決策を現実に試してみてその効果を評価する。システムは不具合を二度と発生しないようになっているかどうか。きちんとチェックしておきたい。

重要なことは、一度起こした失敗を二度と繰り返さない方策を、できるだけ具体的に打ち立てることである。このとき、失敗の原因を根本的なところまで掘り起こして、失敗を知識化、教訓化すべきである。そうしないと似たような失敗を今後、何度も繰り返すことになりかねない。

クレームを知識化、教訓化する方法

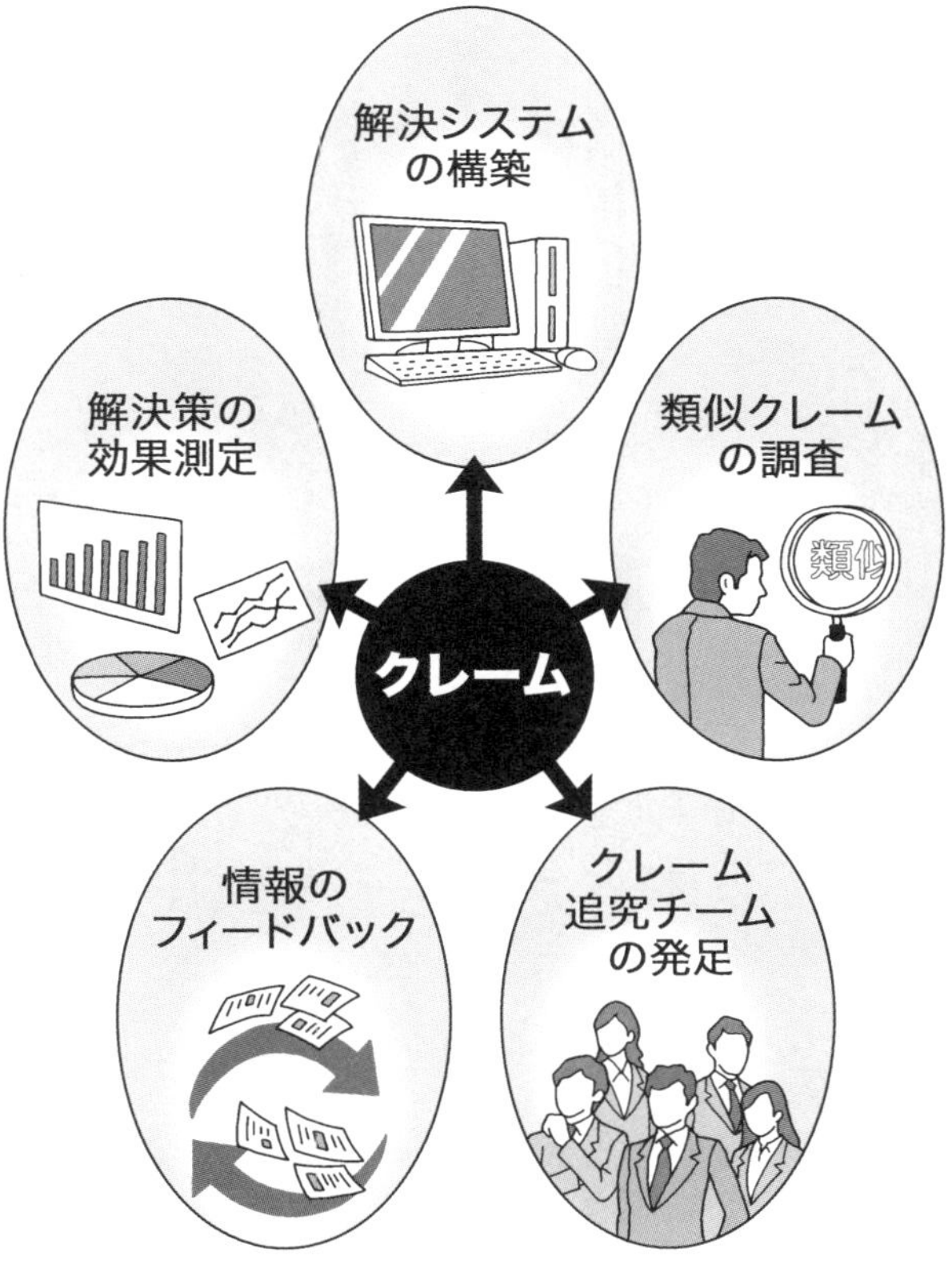

失敗の予防学⑦

「外れ値の法則」

「いつもと違うところ」に、ミスは起きやすい

天才的ビジネスマンなら勘や直感で失敗の原因をずばり特定できるかもしれない。しかし、普通の人はそうはいかない。それならば、仮説を立てて、ひとつひとつを検証しながら、原因特定と問題解決にアプローチするほうが賢明である。

このときに重要なポイントは、「いつもと違う点は何か?」に注目することである。

エンジニアの世界でも、不良品をたくさん作ったときは、不良発生の前後でどこを変えたか、ということに注目する。たとえば、素材を変更したかもしれないし、天候が急変したかもしれないし、オペレータが新人に代わったのかもしれない。

統計的な言葉でいえば、「外れ値」に目をつけることである。でなければ、大海で一粒の真珠を探すようなもので、時間がいくらあっても足りない。たとえば、前年同

期比で見て売上減あるいは、売上増があるならば、この凸凹は外れ値にほかならない。悪い数字だけでなく良い数字も外れ値であることに変わりはない。

まず、この外れ値が発生した原因を追究する。同様に、同じ商品を販売しているにもかかわらず、営業所によって売上の凸凹が激しければこれもまた外れ値である。

去年と比較すると、今年になって営業マンの退職が相次いでいたり、突然、近郊の工場が閉鎖して人口移動があったという事態も十分に考えられる。

ミスや失敗が発生しやすい「外れ値」に注目していれば、ミスや失敗に対してあらかじめ対策を用意しておくこともできるのである。

2002年4月1日、第一勧業、富士、日本興業の3つの銀行が統合し、「みずほ銀行」としてシステムを一本化することになった。

このとき、統合の方針決定が紆余曲折《うよきょくせつ》し、システム統合のスケジュール、統合作業が遅れに遅れて、予定のシステム稼働テストの開始がずれ込んだ結果、十分な見極めなしに開業するという事態となった。

そのため、開業初日から現金自動預入払出機（ATM）の稼働障害、公共料金の自動引き落としなどの口座振替の遅延等々が発生したのである。

なおかつ、トラブル発生後も対応が遅れてしまい、口座振替の遅延が拡大、大混乱となり最大級の大規模システム障害に陥った。

システム変更の実施日とは、「外れ値」にほかならない。この日は必ずなにかある。なければめっけものという姿勢で臨まなければならない。

事実、このようなシステム変更が行われた日には、これまでもたくさんのトラブル、事故が発生していた。

みずほ銀行の相次ぐトラブルの背景には、ここ数年で急速に進んだ金融市場の再編やサービスの多様化がある。

さらに、大銀行の合併はそれ自体が大幅なシステムの見直しを必要とする。郵便局や信用金庫などとの相互接続、デビットカードやインターネットによる即時決済サービスの登場などもシステムの負荷を高める大きな要因となっている。電子商取引はオープンシステムと呼ばれる分散型の処理が求められ、その分、ネットワークの構成も複雑になっている。

問題はそうしたシステム環境の変化に対応しきれていないところにある。

この一連のトラブルについて、失敗学として知識化、教訓化できることは以下の通りである。

①システム障害の責任問題について外部の人間を招き、システム障害等特別委員会を設置すること。

②システム稼働前に入念なテスト（疎通テスト、負荷テスト、強化テスト、異常テストなど）を実施すること。

③システム障害は旧銀行間の縄張り争いや意思決定の遅さといった体制が抱える病巣があるだけに、経営体制の見直し、人事の融合と組織のスリム化を行う。とくに、たすき掛け人事を廃止し、役員数を削減して情報を素早く流すために持ち株会社に集約すること。

電子ネットワークの失敗の怖さはひとつのミスが全体に、しかも瞬時に悪影響を及ぼしてしまうという点である。

にもかかわらず、「やってみなければわからない」というような仕事をされては、迷惑を被るのは利用者である。

金融機関で使うソフトウェアは注文住宅のようなもので、個々に効率のよい〝裏技〟が使われている。だから成功システムを融合しても、そのカスタマイズした裏技が干渉することが多い。コンピュータ以前の仕事が金融機関ごとに異なっていた歴史を引きずっているのである。

一方で、パソコンで使うような汎用ソフトは昔の団地みたいなもので、どれもこれも皆、同じである。こういう場合は建て増し連結がしやすく、温泉旅館のように本館・別館・新館をつなげやすい。みずほ銀行のときは、リレーコンピュータと呼ばれる連絡通路を建て増して、もともとの3銀行で用いていたシステムを流用していたが、店番号を付け直すところでミスが発生した。急いでいたので、最終チェックが間に合わなかったのである。

なぜ「その異常」に気づかなかったのか?

私は以前、エンジニアが誤判断した理由を調べた。

①**リーダーシップ能力不足**（ひとことでいえば「過信」である）
自信をもって積極的に仕事しているが、全体を整合させるリーダーシップに欠ける――16・7％（過信4・5％、自分勝手3・6％、関係者間の未調整8・6％）

②**危険予知能力不足**（多くは「無知」である）
積極的に仕事しているが、危険予知能力に欠ける――34・8％（パニック2・3％、考え落とし19・0％、無知13・6％）

③**部分的思考停止**（「思い込み」に代表される）
積極的に仕事しているが、部分的に思考停止した――24・0％（一点集中5・4％、見下し8・1％、思い込み10・4％）

④**全面的思考停止**（改善を「無視」した）
消極的に仕事しており、全面的に思考停止した――9・0％（看過7・5％、盲信1・0％、無責任0・5％）

⑤**無思考状態**（予兆を感じる暇もないほど失敗に「無意識」だった）
日常のルーティンの仕事をしていたが、思考する前に失敗した――15・4％（非定常感不足5・4％、反応能力不足5・9％、現状認識不足4・1％）

このデータと比べながら、みずほの失敗を見直してみよう。

「外れ値」に気づかなかったのは、経営者の「無知」（前述の②）、担当役員の「過信」（①）、担当エンジニアの「思い込み」（③）あたりが原因である。

経営者は文系出身者であり、情報システムの融合がどんなものか理解できなかったのに、「無知」でも大丈夫だと無邪気に信じていたのである。

もしも担当役員がむずかしいと報告していたのに、意味もなく「君ならできる」「やるから従え」と怒れば、「無視」（④）に分類される。担当役員も業者の尻を叩いて、当然、できるものと慢心すると「過信」である。

担当した情報部や業者のエンジニアは、全体像が見えないが個々のプログラムが動くことに熱中して「思い込み」のあまり視野狭窄させていたのだろう。

もちろん、エンジニアの中に悪意によって手を抜いた人はいなかったので、「無視」（④）や「無意識」（⑤）は考えなくてよいだろう。

エンジニアが誤判断した理由

①リーダーシップ能力不足
自信をもって積極的に仕事しているが、全体を整合させるリーダーシップに欠ける
16.7%

②危険予知能力不足
積極的に仕事しているが、危険予知能力に欠ける
34.8%

③部分的思考停止
積極的に仕事しているが、部分的に思考停止した
24.0%

（①〜③）75.5%
エンジニアは積極的に仕事をして、長い時間を考え抜いて失敗している

④全面的思考停止
消極的に仕事しており、全面的に思考停止した
9.0%

⑤無思考状態
日常のルーティンの仕事をしていたが、思考する前に失敗した
15.4%

上記数値は、小数点第２位以下を四捨五入したものです。

“ひと手間”を省かないことが大切

ところで、③の部分的思考停止や、④の全面的思考停止の最たる原因は、マンネリだろう。仕事は慣れれば早く処理できるようになる。早いばかりか、見なくてもできる人だって少なくない。**慣れは、マンネリ＝失敗に通じる。**このマンネリが原因となった失敗は少なくない。

たとえば、上司や同僚にひとこと連絡しておけば難なく回避できた、といったトラブルはたくさんある。しかし、いつものことだからと、ひと声かける手間を省くのが、ミスの元になるのである。これは①の過信のうちの関係者間の未調整ともいえる。

私も人のことはいえない。大学の教員も講義や講演に慣れるうちに、いつの間にか発表の練習をしなくなる。最初の頃は丁寧に講義録を作ったり、パワーポイントを前に操作し、ブツブツいいながら事前に練習したりもするのだが、そのうち忙しくなってくると、「自分は話のプロだから」と妙な自信をもって、出たとこ勝負でエイヤッと実演しようとする。ところが、いざ始まったらデータや資料がパソコンにインストールされていなかったといったトラブルに見舞われる。

マンネリは大敵である。世阿弥も『花伝書』の中でいっているが、面白いことは新しいことであり、花も散るから美しい。どんなに面白い芝居でも、何度も見ると見飽きてしまう。

マンネリを避けるには、自分たちの組織の中に絶えず新しい人種を入れることである。経営者のイエスマンだけでは、お家の一大事のときに提案される対策案はすべて同じになりかねない。全滅を避けるための大事な知恵である。

失敗の予防学⑧

「虻蜂取らずの法則」

「あれもこれも」と欲張ってはいけない

これまで何度か述べたように、トラブルやミス、事故といった失敗には事前に必ず予兆が現れる。それをキャッチできるアンテナをもっているかどうかが防止のポイントになる。

「あれ、何だかおかしいな」

という予兆をアンテナで感じ取ると、ヒヤリとしたり、ハッと感じたりするのだが、残念ながら、「今になってから考えてみると……」と気づく場合が多い。

１９９９年、横浜市立大学病院で心臓手術と肺手術の患者を取り違えるという事故が発生した。年間４０００件もの手術、６２０病床という「特定機能病院」での出来事である。

ご存じのように、日本は大学病院でも病床あたり看護師数は米国の3分の1であり、ヨーロッパの2分の1しかない。

早い話が、とても忙しいのである。「雑用は同時並行処理が原則だ」という「カイゼン活動」ではひとり二役〜三役は当たり前だが、ここでも同様に一度に2人の患者（A＝心臓手術患者、B＝肺手術患者）を手術室に移送する等々の業務は日常茶飯事のように行われていた。

いくつも不審点がありながら、医師も看護師も誰も疑わなかった。

手術前に訪問した看護師は、「Bさん、よく眠れましたか?」とAに声をかけると、「はい」という返事。おかげで面識のない看護師はAをBと誤解してしまう。「Aさん、寒くないですか?」と呼びかけると、Bが「寒くないね」と答えたので、他の看護師もBをAと誤解してしまった。

いよいよ、執刀医2人は心臓手術をBに開始してしまうのだが、心臓病であるはずなのに血圧、血流、いずれも快調そのものであった。快調ならば、手術をする必要などないではないか。

しかし、執刀医は「思い込み」で多少の疑問点には目をつぶってしまった。患者は手術室に運ばれたとたんにベルトコンベアに乗せられて、「まな板の鯉」でさばかれなければならない運命だった。

心臓手術が終わった夕刻になって、Bの顔を見て顔が違うことにAの元主治医が気づき、隣の患者の心臓音を聴診器で調べて名前を確認したら、肺手術を受けた人がAだと判明したのである。

この事件では、2000年に執刀医2人、麻酔医3人、看護師2人が業務上過失傷害で起訴されている。

実はこの手の取り違え事故は少なくないのである。ネットで検索すればすぐにいくつも類似例がヒットする。たとえば、2000年には筑波大学病院で肺組織の病理検体を取り違えて検査した結果、肺癌と報告された患者が片方の肺の3分の1とリンパ節を切除されている。作業効率を良くするために、同時並行で2つのことをするから失敗するのである。

医療関係者の不注意による、薬品の取り違え事故も少なくない。

たとえば、1999年には都立広尾病院で慢性リウマチ患者に血液凝固阻止剤「ヘパリンナトリウム生理食塩水」を点滴すべきにもかかわらず、処理室で消毒液「ヒビテングルコネート」と取り違えられ、心不全で患者は死亡している。2000年、京都大学病院では、人工呼吸器の加湿加温器に補給する蒸留水を取り違えられた患者が2日間エタノールを補給されて急性アルコール中毒で死亡している。これらの事故はいずれも、両方の薬品を手元に置いて一緒に作業したために発生している。愚直にひとつずつ処理すれば、時間は2倍になるがミスは生じなかった。

私の学科ではメカノデザイン工房という名称の演習工場があるが、ここでは学生が複数台の機械を同時に扱うことを禁止している。

というのも、スライス盤で送りを遅くして切削しながら、あちらの平面研削盤でブロックを磨いて、こちらの帯鋸盤《おびのこばん》では丸棒を切断して、というように同時並行に作業すると、必ず2つの機械からほぼ同時に「削り終わったよ」と呼ばれ、どちらかをぶつけてしまうからである。

私は米国や日本の工場で現場に作業をお願いしていたが、このとき、指示する時間を惜しんで一度に複数の仕事を頼むとろくなことがなかった。ひとりの作業者に2つの作業を指示するときに、**「どちらが先でもいいから」と優先度を曖昧にしたままやらせると、大体、両方とも失敗に終わっている。**これはどんな仕事にも通じることである。愚直に、ひとつの作業の終了を確認してから別の作業を指示するという段取りを組まなければミスが発生してしまうのである。

ミスを防止する仕組みをつくろう

どんな事故防止システムも完璧、完全ではない。薬品の取り違え事故は非常に多いから、病院側も患者側も頭を抱えてしまう。

効能や投量が似ている薬品ならば不幸中の幸いで無害だが、中には誤使用によって患者に重篤な危機を引き起こしかねない薬品も少なくない。

こうなると、即、致命傷となりかねないだけに、取り違え事故をとても看過するわけにはいかない。健康を回復するために来院しているのに、医療のプロが患者の命にかかわる事故を引き起こしてしまっては本末転倒としかいいようがない。

また、名称の類似薬品は医師の誤記入や薬剤師の読み間違いを誘発してしまいかねない。医療の現場はエステサロンとは違う。どの病院も多かれ少なかれ野戦病院のようにあわただしく、また猛烈に忙しい。

そんな中で、医師に楷書ではっきり誰にでも読みやすい指示簿や処方箋を書け、と命じるのは現実的ではない。医師ひとりひとりの注意を促すことに限界があるなら、システム全体でミスを予防する策を構築するしか、方法がないのではないか。

たとえば、少し考えただけでも、

①危険薬を投与するときには薬品名の隣に薬効を記入しておく。

②コンピュータ・オーダリングの際、薬効を確認しなければインプットできないシステムに変更する。

③病院全体で類似名称の薬品の見直しをする。

④指示から投薬まですべてのプロセスに関係者がコミットする。

⑤インフォームドコンセントの観点からも、患者に投薬の品名とその薬効を文書で渡し、あらかじめ理解してもらう。

これらの改善策はいつでもできそうである。できることから少しずつ改善すべきである。私の勤める大学の大学病院では、点滴でも注射でも作業ひとつひとつにチェックのハンコを課したそうである。ハンコを押すたびにその並行作業として書類の中の薬品を確認すると、間違いに気づくことができる。その結果、最初の月は〝ヒヤリハット〟の事故が30％に減ったそうである。前述の②の薬効を確認するのは、人間だろうか、コンピュータだろうか。確認したら人間がハンコを押すのでもよいが、そのうち、内容を確認せずにハンコを押すようになるのも人間である。ボーッとしている人間よりも疲れを知らないコンピュータのほうが安全である。

ミスを早い段階で食い止める方法

「あれ、おかしいな」という予兆は異常であり、異常であるからには何かがいつもと違うのである。それをそのままにしておかず、その内容を調査して処置してカードに記録すると有効である。

毎日の仕事の中で、「どうもおかしい」という報告が他所から来れば、皆が緊張して異常を突き詰めてメカニズムを発見したり、解決策を講じたりすることもできる。

それだけに、**〝ヒヤリハット〟という予兆の段階で、上司や管理監督者、あるいはチームリーダーに状況をすぐに報告する習慣をぜひつけておきたい。**

そこで、「予兆カード」の作成をお勧めしたい。このとき、大切なことは、口頭による報告や連絡では漏れや抜けが起きることが少なくないということだ。結果、解決策を考えるときにもう一度インタビュー（聞き取り）しなければならなくなってしまう。二度手間、三度手間にならないよう、簡単でもいいから必ず文書の形でまとめておく。

具体的には、次のような段取りで「予兆カード」を作成する。

《予兆カード作成法》

①記述に漏れ、抜けのないように少なくとも５Ｗ１Ｈで行う。
②タイトルをつける。予兆（異常）がどの箇所で発生したのかを題名に含ませる。
③原則として、事象・原因・対策を箇条書きでまとめる。
④同じような異常が発生する可能性のある場所も水平展開して記入する。

⑤予兆カードは保管し、再発防止策に利用する。

私の大学でも国立大学法人化でシステムが変わり、事故後に速やかに事故報告書を提出することを課している。内容は予兆カードとほぼ同じである。年間200件強ほど報告されるが、そのうち半分が〝ヒヤリハット〟である。

予兆カードを作成するには、異常を正確に報告、連絡しなければならない。とくにその組織の構造的欠陥を忘れてはならない。たとえば、教授が実験室には滅多に来ないとか、ポスドクがワンマンで学生を奴隷代わりに使うとか。この点がうやむやになると、異常は再発するか、または拡大して大事故につながる。

日々の仕事の中で異常が発生すると、自分のミスと思い込んで隠そうとしたりする。管理者は異常が発生したことで叱る人もいる。こういう社風では、失敗を隠したがるのもやむを得ない。あえて、叱られても異常を報告しようとする律儀な人も少なくなるだろう。前述した「隠蔽の法則」そのものが起きている。

そこで、リーダーには必ず意識しておいてもらいたいことがある。それは以下の3

「ヒヤリハット」の予兆カード〈一例〉

ヒヤリハット報告書

○○課○○班○○○○ (印)

①

ヒヤリ・ハッとしたこと	クレーンの操作をミスった

② 事象

いつ	平成　年　月　日（　曜日）午前・午後　時　分頃		
どこで	第一工場倉庫内	どうしていた時	トラックから荷下ろし中
ヒヤリとした時のあらまし	天井走行型クレーンで小型トラックより大きめの作業機を荷下ろし中、操作ケーブルに荷が絡み、電源ケーブルを切断しそうになった。		

③ 原因

環境に問題があった	設備・環境等に問題があった	作業方法に問題があった	自分自身に問題があった
			マニュアルを守らなかった

④ 対策

実際に下ろす前に一息ついて、このまま下ろしたらどうなるか事前に考えるべきだった。

狭い場所でも、リーダーは荷の周りをひとまわりして、引っかかるものはないか、下ろした後にバランスがとれるかを、マニュアルどおりにチェックすべきである。

⑤ なぜヒューマンエラーが起きたのか、○を付けよ

1 よく見え(聞こえ)なかった
②気がつかなかった
3 忘れていた

4 知らなかった
5 深く考えなかった
6 大丈夫だと思った

⑦あわてていた
8 不愉快なことがあった
9 疲れていた

⑩無意識に手が動いた
11 やりにくかった(難しかった)
12 体のバランスを崩した

点である。

①決して叱ってはならない。逆に感謝してもいいくらいだ。しかし、子どもに、怒らないから教えなさいといっておいて実際は怒るという母親は少なくない。

②すぐに対処する。「後で聞く」という態度では誰も報告しなくなる。リーダーも年をとると、後で聞くといいながらも、忘れてしまう。さらに、報告時に「つまらない」「たいしたことない」「またか」など、ネガティブな相槌は打たないことである。小言幸兵衛には、誰も報告に来なくなる。

③報告から解決策の立案までを、指導しながら一緒に考える。とくに異常の損失額が大きいと、緊張して考えることができる。

ミスを繰り返さない「反省」のポイント

失敗情報を知識化し、教訓化するためには、失敗の事象・原因・対策に対して、脈絡をつけて記述することが大切である。**失敗を二度と繰り返さないためにも、結果に**

いたるまでのシナリオ（ここでは知識や教訓）を把握すべきである。

そのためにすべきことは、次の失敗の「ナレッジマネジメント」である。

①内容の記述

どんな失敗が起こったか、失敗がどのように顕在化したかを記述する。これは新聞記事を切り取り、インターネットで調べれば簡単である。

②経過の記述

失敗体験の経過を記述する。時間経過とともにどのように進行したか、いつもと違うポイントをできるだけ詳しく書く。文章だけで伝わりにくければ、イラストや図、写真などを添付してもいい。

これも当事者にインタビューすれば簡単である。大きな事故ではテレビで記者が質疑応答してくれているので、聞いていれば事象はわかる。

③原因の記述

失敗原因については、発生時点では必ずしも正確に記述する必要はない。誰も原因調査していないので、わかるはずもない。後でよく考えてから、調べたり思い出したりして、「真因（本当の原因）」が判明すれば、そのときに追記すればいい。

世の中には、正確な事故調査報告書が1年後に報告されるまでコメントは避けたい、という慎重な人も多い。しかし、サスペンスドラマのような驚愕の新事実は滅多に生じない。技術の失敗は未知の原因がほとんど存在しないから、失敗直後に推定した原因はだいたい合っている。

つまり、ここで重要なことは失敗を起こした時点でどう考えたか、という当事者の見解である。多少は疑問に思っていることでもかまわない。失敗を起こした時点で感じ取った推定原因を記述する。それがヒントになり、後で考えもしなかった意外な真相を思いついたり、誰も知らなかった新発見に気づくことが多い。

④対処の記述

失敗に対してどうしたかという対処法について記述する。失敗発生後だけでなく、それ以前の事前対処の記述も必要だ。こうした対処を分析し、検討することは失敗の知識化に不可欠である。

ところが、この対処はなかなかわからない。失敗したこと自体が恥なので、恥の上塗りのように今後の対策を宣言する人は少ない。普通は、管理強化とか注意喚起とかで一応、反省しています、と謝るとマスコミに許してもらえるので、それが対処になることが多い。

⑤総括の記述

その失敗がどんな内容のものであったかをまとめる。一般に企業などで作成される失敗の調査報告書や失敗事例集は、総括の一段階手前の対処、あるいは教訓という別項目が設けられて終わってしまう。

ひとつひとつの失敗の責任を立件するのが目的ならばそれでも問題はない。しかし、失敗から何かを知識や情報、教訓として活かすことを考えているのならば、もう一歩進めた記述が必要である。たとえば、「間違った薬を患者に投与した」というような直接的な原因だけでなく、その失敗を誘発した、組織としての問題点や社会の環境・雰囲気、当事者のマインド、やる気、働く姿勢などを片端から記述する。

たとえば「看護師は夜間も忙しすぎる」「似たような薬品の商品名が多すぎる」「担当医師の投薬指示のメモの字が汚い」など。このように全体を総括し、失敗が起きた「外れ値」の時空をあぶり出して記録として残しておくと、後で失敗が起きた時代を再現できる。

⑥知識化・教訓化の記述

失敗の原因と事象と対策が書いてあるだけでは単なる事例集に過ぎない。失敗からいったいどんな知識と教訓を得たか。それがケース別に整理されてこそ、これからの仕事に役立つのである。

実際に失敗のナレッジマネジメントをやってみるとわかるが、一般的・反復的・共通的・抽象的な知識や教訓を抽出することは、そんなに簡単なことではない。前述の患者の取り違え事故の教訓は、病院では「自分の名前を答えさせて患者を確認しよう」とか、「足の裏に名前を書いて手術前に確認しよう」とかいうことになろうが、これを毎朝復唱すれば失敗を防げる。しかし、病院に従事していない人にはそんな教訓は役に立たない。

このときは、たとえば工場で働いている人に対して、もっと抽象的に記述して「同時に並行して仕事をするのはやめよう」とか、「思い込みがないコンピュータによる確認作業の工程をはさもう」などにしなければならない。

失敗を生かす記録術

失敗

内容の記述

どんな失敗が起こったのか？

経過の記述

どのように失敗が起こったのか？

原因の記述

なぜ失敗が起こったのか？

対処の記述

どのように失敗に対処したのか

総括の記述

どんな失敗だったのか？

知識化・教訓化の記述

今後、失敗をどう活かすか？

失敗の事象・原因・対策を
正確に把握する

2章のまとめ

・小さなトラブルや軽い事故の背景には、大きな問題が潜んでいる

・ワンマンプレーは、ルールの無視を意味する

・1件のクレームにも、全力で対応する

①クレームを真摯に受け入れる　②似たようなトラブルが発生していないか体験談を集める　③再発防止策を考え、文書化した情報にして流し、実行を徹底させる　④解決策を現場で試した結果を吟味・評価する

・「普段とは違う点」はミスが発生しやすいので、気を配っておく

・「危ない」と思うことがあったら、必ず文書の形で記録に残す

3章

ピンチで力を発揮する人の条件

——起きてしまったミスへの最善策

失敗の予防学⑨

「リーダーの法則」

非常時に、「人の上に立つ器」が試される

自分たちの権限や利権にこだわることが失敗の知識化、教訓化への壁となることは少なくない。担当者の保身が失敗以上の災害をもたらすことも過去の「失敗史」が示す通りである。それだけに、いざというとき、経営者がどんな舵取りを見せるかで失敗が生きもすれば死にもするのである。

トラブルや失敗は異常事態である。異常事態ということは、日常とは違うということである。すなわち、はじめての経験で対応しようにも慣れていない。

つまり、準備もなしにいきなりぶっつけ本番で臨むようなものである。となれば、ふだんなら冷静な判断ができるのに、危機を前にあわてふためいて的確な対応を下せ

なくなってしまうことも少なくない。リーダーにとって、失敗はなんともやっかいなものである。

だが、それだけにリーダーとして優秀かどうかを一発で推し量る指標でもある。人の命を損得の式に乗せるケースは、ドライでドラスティックな外資系企業ではよく見られる価値観である。

だから失敗について考えるとき、やはりリーダーの資質が大きくクローズアップされる。労働災害のデータによると、経営トップが安全管理に意識して取り組んでいるか否かで罹災率は3倍違ってくるのだ。

経験的に導かれたこの数字は安全管理システムの中身もさることながら、これを活用するリーダーの心構えひとつで結果が大きく変わることをも意味している。

すなわち、リーダーが失敗を未然に防ぐことに強い関心をもっているだけでも3分の2の失敗は消える。

そればかりか、起きてしまった失敗が進歩の種として活用されることも期待できる。

リーダーは失敗を真正面から見据えて、次に活かす姿勢が今後はより強く求められる。

江戸時代にあった「失敗学」の書

ところで、失敗に学べ、と江戸時代に従業員に命じた〝ビジネスマン〟は、三井高房である。三井家の生き残りのために、彼は1728年に『町人考見録』を書いた。家法と並んで〝憲法〟となり、三井家は呉服屋と両替屋として江戸時代を生き抜き、そして現在まで生き残った。

宗家3代目の高房は、京都商人の没落事例を整理して、『町人考見録』にまとめた。同族や奉公人に向かって、没落の原因となった大名貸しと投機的商売を戒めるだけでなく、過度の遊芸や信仰も戒めている。

江戸時代初期はお金を稼ぎすぎると、投資先が容易に見つからなかった。地道な商いをしていればよいのに、ローリスクローリターンはつまらないと、「目の前の団子」として、大名にお金を貸してハイリスクハイリターンを狙った豪商が多かった。座っていても利子を産んでくれるから楽である。

しかし、大名はあちこちから金を借りて、最後はないものはないと開き直ることが多かった。

また、投機的な商売に、主に新田・港湾・鉱山を開発する土木工事があったが、これも後で、すべて大名家のものだ、といって没収されることが多かった。

江戸後期になれば、商品作物も豊富になって投資先が多様化してきたが、江戸初期は大名を通さないとなかなかお金が回らなかったのである。

しかし、高房は大名貸しには手を染めず、地道に商売を続けることで、生き残った。

また、高房は、遊芸もお客さんとしてのお付き合いぐらいならばよいが、パトロンにでもなると家の金はすぐに消えるので注意せよ、と戒めている。

このように高房が『町人考見録』でさんざん戒めていたのに、4代目の高美《たかよし》は宗教に傾倒し、寺院に莫大な寄進を行って義絶され、7代目の高就《たかなり》は美術品に散財しすぎて謹慎させられている。

社長も人間のひとりである。家法も戒めも役に立たない人も出てくるものだ。

しかし、三井家では1710年から大元方《おおもとかた》という統括機関が外部的に商売を行っていたので、内部的に乱れてもビジネスは破滅することはなかった。

現代の大名貸しは株式投資であろう。両方とも金が金を産む商売である。

２００７年６月に、英会話学校を経営するＮＯＶＡと福祉介護事業を展開するコムスンが監督官庁から処分を受けた。

両社は、株価を吊り上げて投資マネーを集めた。実業の儲けの何百倍という多額の時価総額を背景に集めた投資マネーや新規発行の株券を再投資することで、さらなる儲けを目論む——。

正のフィードバックが働いているうちは絶好調だが、再投資先や景気循環がちょっと悪化すると負の循環が始まり、あっという間に損失が膨らむのである。

そしてＮＯＶＡやコムスンは業績悪化し、不正営業を強引に進めて不祥事にいたった、というわけである。

企業が潰れるまでのシナリオは既知である。失敗を学べば、三井の多くの賢明な当主のように倒産を回避し、生き残っていくことができる。

失敗の予防学⑩

「誠意の法則」

“逃げも隠れも嘘もない”姿勢を示す

経営者には常に結果責任がついてまわる。どんな愚痴も弁解も許されない。何か事故が起きたとき、それに対してどれだけ本気なのか――必要なのはひとえに経営者としての覚悟であろう。

次に紹介する「タイレノール事件」は失敗学として勉強すれば、絶好の知識や教訓が得られる。

1982年、シカゴ警察が、シアン化合物によって死亡した市民（7人）が直前に鎮痛剤タイレノールを服用していたと発表した（いわゆる、「タイレノール事件」である）。

製造は子会社だったが、市民は「タイレノールは親会社のジョンソン・エンド・ジョンソンが製造している」と考えていた。「国民薬」と評されるほど普及していたため、この発表はアメリカ市民を大きな不安に陥れることになった。

さて、この時点では「タイレノールにはシアン化合物混入の疑いがある」というだけで、タイレノールが死亡原因かどうかは不明であった。

しかし、この情報を入手するやいなや、この会社の経営トップ（ジェームズ・バーク）の行動は早かった。

経営者会議を招集し（誰ひとりとして反対することなく）すぐに結論を下した。そして記者会見を開き、「タイレノールは飲まないように」と警告するとともに、製品の全回収を発表したのである。

このときにジェームズ・バークは、事実をマスコミに隠すことはなく、「マスコミは回収するためのパートナーである」と公言した。

日本ではなにか企業の不祥事が起きると、経営者とマスコミの戦いになって、損害を受けた当事者や遺族を混乱させてしまう。

いざというとき、喜んで犠牲を払えるか

タイレノール事件は、企業倫理とその具体的な実践の成功例として語り草になっているケースだけに、ご存じの読者も少なくないと思う。

この会社の経営トップは事件が発生すると、即、製品の生産中止、販売中止、そして回収を決めて徹底させたばかりか、消費者とのホットラインを開設した。

また、マスコミに自ら登場してあらゆる情報を提供する姿勢を示した。製品を回収するときは引換券を発行して、新薬と交換できるサービスも施している。これだけでもコストは1億ドルを超えるものだった。

実際にタイレノールに混入されていたシアン化合物が死亡原因だったかどうかは最後まで明らかにできなかったが、この事件の半年後、同社は異物が混入しないカプセルや包装方法を開発してタイレノールを新たにキャンペーン展開する。これほどの大きな危機の直後だけにどれだけ反響があるか全米で注目の的だったが、タイレノールは直近の売上の90％近くを回復するまでに持ち直したのである。これはおそらく、ジ

エームズ・バークのとった一連の行動姿勢が、市民の多くからサポートされた結果であろう。

ところで、事件のときに彼の行動を支えたものはなにか？　彼の決断にボードメンバーが全員一致し団結した理由はどこにあるのか？

それは、この会社の〝憲法〟である「我が信条」にある。もちろん、どんな会社でも口を開けば「顧客第一主義」という。粉飾決算をして反省の色すら見せない詐欺師紛いの会社でも、社内のそこかしこに「顧客第一」「お客様を大切に！」と書いた額が掲げられていたりする。「社是社訓というのはいちばんできていないことが書かれているものだ」と聞いたことがあるが、そんなものなのかもしれない。しかし、いざというときの経営者の姿勢を透かしてみればどれだけ本気かが判明する。単なるかけ声では実際には使い物にならないし、かけ声倒れでは笑われるだけである。

１９４３年に制定されたジョンソン・エンド・ジョンソンの社是社訓には、行動指針としてどうすべきかが具体的に書かれている。インターネットでこの会社のホームページに入れば、容易に勉強できる。リスクを解決する際に、逃げも隠れも嘘もない、という行動指針のバックボーンがこの会社の経営哲学なのである。

ジョンソン・エンド・ジョンソンは、消費者、従業員、社会、株主の順番で責任をとるといっている。私も米国に行ったときに、初めてこの「我が信条」を読んだが、株主への責任が4番目にあるということに感心した。

ジョンソン・エンド・ジョンソンは子会社が180社もあるが、どの会社にもまずこの〝憲法〟を徹底するらしい。

この理念があればこそ、今回の事故が起きたときも、「今、何をすべきか」がトップから末端まで阿吽《あうん》の呼吸で理解できたのであろう。

そういう意味では、消費者にとってみれば、失敗は本物と偽物とを分別する絶好の機会ともいえるのではないだろうか。

失敗の予防学⑪

「急がば回れの法則」

コストよりも信用を優先させる

どんなに優秀な人でも、ミスやトラブル、事故という失敗を前にしたとき、後手後手にまわってしまうのはなぜだろうか？　しかも、後手後手といっても、二重の後手後手なのである。すなわち、まず判断が後手にまわってしまう。次に行動が後手にまわってしまう。こうなると、2倍のロスが発生してしまうことがわかるだろう。

2005年1月、松下電器は、同社の石油暖房機の一酸化炭素中毒トラブルにより小学生の死亡事故を引き起こした。外気を取り込むゴムホースが経年劣化して亀裂が生じたため酸素が不足して不完全燃焼となり、一酸化炭素が逆流してその亀裂から室内に漏れてしまった。一酸化炭素が発生しても外気へ流出するはずだったが、どういうわけが逆流して流入口のほうへ流れてしまったのである。

事故を公表したのは4月下旬。初動対策の遅れから後手にまわった。11月には2人目の死亡者を出す。これにより企業イメージは地に落ちた。リコールと危険性の周知を徹底するようにと経済産業省から緊急命令が発動され、ようやく中村邦男社長（当時）自らが本部長となって「FF緊急市場対策本部」を設置して対策に乗り出した。「21～15年前のナショナルFF石油暖房機を探しています」「5万円で買い取るか、無料点検修理します」とホームページ、テレビ、ラジオのCM、新聞の全面告知で徹底した。

“この姿勢”がダメージを最小限にとどめる

「最後の1台まで見つけます。何年かかろうとやります」

松下電器産業の中村邦夫社長（当時）がそう宣言したとき、これは本気だなと皆が評価した。

事故を引き起こした石油暖房機の対象は25機種15万2000台もあり、今もなお、松下電器産業のホームページのトップにはこの暖房機の回収に関する告知が掲載されている。年末商戦のかき入れどきでも商品広告をストップし、事故原因となった当該暖房機の回収を徹底してやっている。中途半端な対策をしていては、社会的信用が地に落ちるばかりであることを認識している証拠である。

対策費として、2006年3月期決算には249億円も計上し、6000万箇所へのDMや、テレビ、ラジオ、新聞での告知も相変わらず続けた。結果として、こうした姿勢が消費者の好感を呼んだ。営業面での悪影響はほとんど見られず、2006年の年末商戦の成績もよかったのである。

しかし、なぜ、ここまで徹底するつもりなら、経営トップ自らもっと素早く行動に移さなかったのだろうか？　死亡事故が起きてから公表まで3カ月間も情報を公開せず、対策の遅れが目立った。そのために、2人目の犠牲者を出すにいたったのかもしれない。すぐに、経営トップ自らが事故対策本部長となって陣頭指揮すべきではなかったか？

実はここに松下電器の弱点が内在されている。

松下という会社は世界で最初（1933年）ともいっていいほど早く「事業部制」を導入している。これは松下電器という会社がいわば持ち株会社のようになっていて、その下に製品別（事業部別）会社組織がぶら下がっている。つまり、「事業部長＝社長」という組織になっている。

今回のリコールは、いわば、関係会社の事故に親会社の社長が対策責任者として就任するようなもので、組織としてはまず暖房機事業部の事業部長と担当役員が対処することが優先されたのである。しかし、対処は遅く、また徹底できていなかった。経営トップが陣頭指揮に立つまで、いたずらに時間が過ぎてしまった感は否めない。**企業のメッセージとは、何よりもどんな行動をとるかで判断されるのである。**

2000年の雪印乳業の集団食中毒事件でも同じように、回収が後手後手に回った。食中毒が大阪で発生した翌日に、株主総会が札幌で開催されたが、そこでは乳製品の中毒は一部門のトラブルに聞こえたらしい。担当役員以外は他人事のように対応したので、全体の対応が鈍かった。マスコミの絶好の餌食になった。

当時、雪印グループは多くの企業群で構成されており、乳製品は一部門に過ぎなかったのである。松下電器の事業部制と同じような弊害が生じたわけだ。

社長が次の日に食中毒の事実を公表したが、全国の消費者の気持ちは離れてしまい、スーパーマーケットから雪印と名のつく商品が消えていった。しかし雪印は食品加工の超優良会社だったので、半年過ぎると売上は事件前と同じレベルまで回復した。そして、2002年に雪印食品による牛肉偽装事件が起きると、売上1兆円の超優良企業グループの命運はついに尽きた。多角化した部門の縮小を余儀なくされ、雪印グループは2000億円の乳製品会社へと縮小した。最初は部分最適を狙って一部門のリーダーが黒字化のために行ったのだが、まさか全体最悪を巻き起こしてグループ全体が崩壊することまでは考えが及ばなかったのだろう。

失敗の予防学⑫

「楽観視の法則」

根拠のない〝期待〟は、徹底的に排除する

生産性が感じられない会議と同様に、失敗のリカバリーショットについて議して決せず、決して行わずという会社も少なくない。こうなる理由は、

「もう少し様子を見よう」

「そのうち状況が（良いほうに）変わるかもしれない」

という淡い期待が持ち上がってくるからである。

もちろん、こんなものは宝くじで3億円を当てるよりも確率は低いに決まっている。他力本願で仕事をされては困る。

希望的観測が高じると、いったいどんな悲劇が待っているか、次の事例を噛みしめてみよう。

1902年1月23日、旧青森歩兵第五連隊第二大隊が青森市を出発、三本木（現十和田市）に向かう途中に大事故が起きた。世界の山岳遭難史の中でも類を見ないほどの悲惨な事故だった。この大事故は軍事訓練だったので当時、事実は伏せられていたが、後年、映画になって広く知れわたることになる。

すなわち、「八甲田山・死の彷徨」である（本当は八甲田山という山はなく、連峰を総称する呼び方である）。

雪中行軍を決行した狙いは、目前に迫りつつあった日露戦争対策である。陸軍による寒冷地戦の研究（シミュレーション）の一環として展開された。当時、連隊責任者は陸軍幹部に直々に呼び出され、「どうだ、やれるか？」と聞かれた。はるか上位の役職者からの問いは命令に等しい。連隊責任者は「はい、やれると思います」と答えたところから、この無謀な実験はスタートするのである。

第八師団青森歩兵第五連隊（隊長神成文吉《かんなりぶんきち》大尉）と、弘前第三十一連隊（隊長福島泰蔵大尉）の両隊が選ばれ、冬の八甲田を互いに反対側から登るのだが、折しも記録的な寒波とすさまじい吹雪に遭遇する。幸い、弘前第三十一連隊は総員38名が無事にたどり着けた。

ところが、青森歩兵第五連隊は三昼夜もさまよったあげく、総員210人中、生存者わずかに11名。大きな犠牲を出して帰還せざるをえなかったのである。

片や全員無事帰還、片や生存率わずか5%……この違いはいったいどこにあったのだろうか?

福島大尉は雪山行軍の経験がありその怖さを熟知していたため、入念な準備と計画を練っていた。しかも最初から士官中心の少数編成で行軍することを決めていた。

これについては上層部から反論があったものの、「訓練ではなく研究であるからにはこれで十分」と、はるか上の軍幹部にも反論する。

彼の判断は、この実験は雪中訓練、つまり雪山でどれだけ踏ん張れるかという練習ではなく、あくまでも雪中行軍に関するデータ収集であるというとらえ方による。

この判断が隊員の命を救った。だから、福島大尉はすぐに構想に着手し、あっという間に計画概要まで作成してしまう。しかも、これらを連隊内で情報公開した。

そこまで機敏に処理すると、それ以後に決めるべきことは、誰を連れて行けば安全か、だけである。じっくり時間をかけて人選を行えばよい。遭難した神成大尉と異なり、一兵卒中心に参加者を大量動員することはなかった。

そして隊員には研究課題を与えた。すなわち、出発までの1カ月間に雪中行軍のリスクを想定して、対処法を準備させたのである。実際の行軍では、民家に宿泊して十分な休息を取り、地元民をガイドに頼み、徹底して隊員の安全を最優先する。

もちろん、実際の戦争になればこんなことはできるわけがない。民家に宿泊することもできない。だが、今回はデータ収集のための行軍である。これがテーマなのだ。いたずらに雪山でリスクを冒す必要などさらさらない。


一方、上層部の命令に背けず無理な大編成で挑まざるをえなかった第五連隊は、冬の八甲田を甘く見たとしかいいようがない。「甘く見た」という意味は、装備、食糧準備、編成（下士卒がほとんど）にしても、すべての判断が甘かったということだ。

時間をかけて計画書を完璧に作成し、その後、本番までの間に予行演習を行っている。ただし、その日はまれに見るほどの好天気であり、しかも八甲田の入口まで行っただけだった。

後日、出発した日は最悪の天候であり、記録破りの寒波に見舞われた。奇跡的に生き残ったひとりがこんなことを述べている。

「行軍前夜は酒杯を傾け、かなり夜更けまで飲んだ。行軍といってもわずか5里（20km）くらいの距離だから温泉に行くつもりで手ぬぐい1本持っただけだった」

この緊張感のなさは、実は隊全体の空気にほかならなかった。この緩んだ空気を醸し出したのは最高責任者の認識である。福島大尉と同様に、地元民をガイド代わりにするチャンスは何度もあったが、軍の威信にかけて拒絶している。手ぬぐい1本の気楽さの割にはプライドが高いのである。

あなたの判断力が試される「この質問」

ここで重要なポイントを記しておくと、判断とは他の誰でもない、リーダーのみに与えられた職務であることだ。すなわち、会社なら社長、部なら部長、課なら課長、チームならリーダーでなければできない特権事項なのだ。

たとえば、あなたがチョモランマ（エベレスト）登山隊の隊長だとしよう。もう頂上がすぐそこに見えている。

ところが、さきほどまで快晴だった天候が、いまや風雲急を告げてどんどん怪しくなってきた。下手をすると大荒れになるかもしれない。
さて、こういう極限状況に追い込まれたらあなたはどう判断するだろうか？

《選択肢》
①せっかくここまで来た。下山したらもう二度と挑戦できない。イチかバチかやってみよう。
②残念だがここで下山する。無念だけれども、皆、いいな？
③途中まで下山して、天候次第で再アタックしよう。

①の判断は人命を軽く考えすぎていないだろうか。「ここまで来たからにはなんとか登りたい」と、誰もが考える。名誉欲や達成欲もある。たとえ死んでも悔いはないというムードで盛り上がっているかもしれない。
だが、こういうムードがチームに蔓延しているときだからこそリーダーは冷静に判断しなければならない。

しかも、「あのとき、相談したら君がこういった」などと責任転嫁はできない。リーダーはひとりで決めて、ひとりで責任を負わなければならないのである。
③のような中途半端な態度ではどちらも達成できない。下山することも命がけなのである。
ここは②の「あと一歩だからこそ下山する」という選択こそリーダーの判断である。優先順位の筆頭はなにかを考え直せばよい。登頂することか、それとも全員無事に帰還させることか。どちらを優先すべきなのか？


もちろん、登頂でき、さらに無事に帰還できればベストだけれども、そんな希望的観測に振り回されていたら遭難してしまう。ここはすべての希望を捨てて、最悪の事態を想定して現実的に判断しなければならない。

すなわち、ベストが無理ならばセカンドベストを追求すべきではないか。では、セカンドベストはこのどちらなのか？

失敗の対処法のみならず、すべての仕事は優先順位に則って行うべきである。優先順位は目的に近いほうが高くなる。「雪中行軍のデータ収集」が目的ならば、「地元民をガイドで雇う」「民家に分宿する」「少人数で実行する」はいずれも手段である。重要なのは、目的を達成するための手段である。プロジェクトの目的は変えられないが、手段はいかようにに変えても構わないはずである。

もちろん、ほとんどのビジネスマンも同じように発想していると思う。このとき、ベストだけでなく、セカンドベスト、サードベストというように、優先順位のランキングを頭の中に想定しておくことが大切である。

事態は刻々と変化する。スピード時代ならばなおさらである。**昨日の正解はもう明日には不正解かもしれない。**こういう環境下だからこそ、このように思考できれば、状況が次々に変わっても、その都度、臨機応変に対処できるはずである。

人任せをやめれば、ミスが激減する

「ミスはありえない」「失敗は起こりえない」と考えるのではなく、ミスや失敗が起きても不思議ではないと考える習慣があれば、いざ、トラブルが起きても即刻対応できるようになる。事前に対応をシミュレーションしているからである。

人間というのは間違いの多い動物である。

とくに思い込みで失敗することが少なくない。

希望的観測も思い込むと、絶対的真実がそこに存在するように思えてしまう。

たとえば、交通事故を減少させるために、道路にセンターラインを設ければ、ドライバーはきちんと守って事故は減るはず、とその昔、警察当局が考えたことがあった。

そして、道路のいたるところに白や黄色のセンターラインを塗ったのである。ところが、事故はいっこうになくならない。

「いったい、どうすればいいのか？」

「センターラインがあっても事故が起きるならば、いっそ消してしまったらどうだ？」

それで消してみたのである。

すると、事故は激減したのだ。

常識的には、安全のためにセンターラインが必要だと考える。ところが、自分はスピードも落とさず、注意もしないくせに、対向車は注意してくれるはずだと勝手に思い込んでしまうのだ。もちろん、相手も同じように考えている。

お互いがこんな調子だから、結果として大事故が続発してしまったのである。だが、センターラインがなくなってしまうと、今度は自己責任で注意深く運転するしかない。結果として、自分も相手も気をつけて運転するようになり、事故が激減したというわけである。少しでも事故を減らそうという警察当局の親心が実は事故を誘発してしまった。コストをかけずに希望的観測で成功率を補おうとするから失敗するのである。

「今度もきっと大丈夫」には全く根拠がない

「この前は危なかったけれどもなんとか回避できた。きっと今度も大丈夫だろう」

何の根拠もないくせに平気でこう考える。

この前うまくいったことが「偶然＝たまたま」ではなく、「必然＝しかるべく」と思い込んでしまうのである。

これは怖い。

私の自宅から、東京駅の新幹線に乗るまでは約1時間かかるが、必死に自転車を漕いだり、必死に乗り換え階段を走ったりすると50分で行けることがわかった。

一度チャンピオンデータが出ると、頭に50分とインプットされるから怖い。２日続けて新幹線に乗ったのだが、次の日は50分前に自宅を出て東京駅に向かったが予定の新幹線を乗り逃がし、５分後の新幹線の自由席に乗ったら満員で、名古屋まで立つハメになってしまった。雨が降れば電車がちょっと遅れてうまく乗り継ぎできないことは当然だったのである。

次に紹介する大惨事にしてみても、実は私のミスと本質的にはなんら変わらないのである。この失敗の原因は「思い込み」にある。

ビジネスでは、売上や利益、資金等々に直接関係するリーダーが希望的観測で予測していたら、会社はとんでもなく間違った方向に進んでしまう。

たとえば、営業リーダーの場合、売上計画をクリアするには、まず部下である営業マン一人ひとりがどれだけノルマを達成できるかを吟味するはずだ。

このとき、彼らの自己申告を鵜呑《うの》みにしていたら月末（決算時）になって真っ青になるだろう。したがって、一人ひとりの売上見込みを正確に弾くことは大切である。

「今月の売上はどれくらい見込めそうだ？」

「1000万円です」

「本当か？」

「はい」

「もう一度聞くぞ。それは本当か？」

「いえ……800くらいかもしれません」

「正直にいってみろ」

「すみません、700万円です」

会社は、売上をガソリン代わりにして正しい舵取りができるのだ。途中でガス欠してしまえばエンスト（資金ショートで倒産）するしかない。

もちろん、リーダーとしては景気のいい話を聞きたいはずである。売上見込みが増えれば増えるほど嬉しい。社長や部門長から厳しく追及されないでも済む。

しかし都合のいい数字をいくら積み上げたところで、しょせんは絵に描いた餅に過ぎない。いくらあっても食べられないのである。

ビジネスマンは、数字に関しては都合よく考えたがるものだ。しかし、これは判断ミスの元凶である。一寸先は闇。『易経』に「治にいて乱を忘れず」とある通りだ。

リーダーというのは、常に最悪の事態を想定して対策を講じておくことが肝要である。人間は完璧ではない。だから、ヒューマンエラーは必ず起こる。ヒューマンエラーを防ぐには、もっと注意しろと怒鳴っても効果があるわけではない。**きちんとしたシステムを構築し、人為的なミスや失敗をフォローする態勢をとらなければならない。**これらのフォローシステムがきちんと機能するようにダブルチェック、トリプルチェックが必要なのである。

蛇足ながら、私の商売は研究である。研究成果は見積もれない。研究費を投入すればそれに見合う成果が出るような気もするが、当たるも当たらないも八卦である。研究費を投入すれば実験は実行できるし、実験結果はドサッと冊子体にまとめられるが、そこから抽出される知見があやふやで新規性がなかったら何にもならない。

前述のような営業マンの失敗例を見ると、画餅で商売している私たちのような人種にはこの手の失敗はいつものことであり、お金を湯水のように使って誠に申し訳ない気持ちになる。

しかし、研究者でも目標の設定間違いは許されない。新商品の実験は大成功で目標が達成されたのに、営業が新商品を売りに行ってくれないということはよく起きる。これは研究者と営業・企画部門との共犯である。

つまり、顧客はこれができたら買うといっていた、という営業の市場調査が間違っており、単なる根拠のない期待に過ぎなかったのだ。実はこれは日本の研究開発の分野に非常に多いパターンである。

失敗の予防学⑬

「慣性の法則」

「引き際」を見極めなければ、取り返しがつかない

「治にいて乱を忘れず」という教訓は経営者に人気があり、松下電器の創業者である松下幸之助をはじめ、座右の銘にしている人も少なくない。

しかし、会社が火の車であるにもかかわらず、いまだに治にいるような錯覚をしているとしか思えないケースも少なくない。

いったいどれだけ赤字を垂れ流せば気が済むのか。「やめられない、とまらない」という菓子のCMのような事業があるのだ。

これら失敗のケースは経営学や財政学では説明がつかず、人間心理を読まなければ解答が見えてこない。

たとえば、次のような理由である。

①たとえ採算が合わない事業でも初期計画にそって推進し続ける。

②時代遅れであるにもかかわらず、予算が計上されているということだけで事業化を目指して開発を続ける。

③「社長が始めた仕事だから」という理由でどんなに赤字を垂れ流していても中止できない。

これらの理由で、永遠に採算の取れない事業や商品、あるいは計画が綿々と続けられているのである。ビジネスの世界ではメンツは怖い。メンツのために失敗がわかっていてもスタートし、失敗で損失が嵩《かさ》んでもやめられず、終われないプロジェクトは少なくないのである。

フランスとイギリスが国の威信をかけたビジネスに、「コンコルド」という旅客機の開発がある。コンコルド＝「協調、調和」という名の通り、1962年、英仏両国はそれまで独自に行っていた開発を共同開発へと転換したのである。

各国が超音速旅客機の開発にしのぎを削る中、コンコルド開発には1兆円を軽く超える予算が投じられたが、結局、この世紀のコラボレーションは世にも稀なほど商業的に失敗するのである。

２０００年7月25日、エールフランス機がパリのシャルル・ド・ゴール空港を離陸するときに、直前に離陸したDC－10の落とした金属片をタイヤで巻き上げ、オイルタンクが破損した。その直後に、漏れ出た燃料が引火して炎上し、失速してそのまま墜落した。地上で巻き込まれた犠牲者を含め１１４人が死亡するという大惨事となった。小さなトラブルは頻繁にあったけれども、これだけの事故は１９６９年の初飛行以来はじめてである。言い換えれば、安全な機体だった。

しかし、２００３年、ブリティッシュ・エアウェイズとエールフランスはコンコルドの商用運航を停止することになる。

１９７９年の東京サミットに出席するため、フランス大統領のジスカール・デスタンがコンコルドで羽田空港に颯爽と現れた。オージー翼を採用した独特のスタイル、離着陸時には下方視界確保のために機首が折れ曲がる特徴、なによりもマッハ２という超音速は未来の旅客機の象徴である。世界中から注目されて当たり前という「作品」だった。

ただ、ビジネスとして考えると問題山積であった。なにしろ滑走距離が長い（通常より長い滑走路でなければ離着陸不能）。騒音およびソニックブームで空港を選ぶため、欧米間の限られた航路のみ就航せざるをえない。ジョン・F・ケネディ空港での離発着も裁判による決着を要したほどである。さらに乗客定員はわずか100名と少数で、ただでさえ採算がとれないのに燃費が悪いため、高い運賃（ファーストクラスと同等）に設定するしかなかった。乗客あたりの燃料消費量は0・9トンであり、ジャンボジェット機の0・3トンの3倍である。いまやそのジャンボジェット機でさえ他の新機種の1・5倍の燃料を使うので引退に追い込まれている。


つまり、どう考えても採算に乗せるのは至難の業だったのである。それにあのオイルショックである。さらに燃料高騰によるコストアップが追い打ちをかけた。

一方、時代の流れはどうだったか？　海外旅行が大衆向けへと広がり、航空業界は低コスト、大量輸送がかなうジャンボジェット全盛時代を迎えようとしていた。そのあおりを食って、１９７６年に製造中止が決定される。最終的にはイギリス、フランスの航空会社向けに16機（これ以外に原型機が４機）のみが製造されるにとどまった。日本航空は国際線向けに３機導入する予定だったが、仮発注の段階でキャンセルしている。

つまらない意地は、ミスをこじらせる

関係者はコンコルドが採算に合わないことを、最初からうすうすわかっていたはずだ。時間が経つにつれてそれは確信になったはずである。途中からは半ば意地と惰性で開発、運航していたに違いない。

アメリカなど、マッハ２・７で飛ぶ３００人乗りの超音速旅客機を開発していたが、試作機の段階でさっさとやめている。旧ソ連もコンコルドのコピーといわれたツポレフを開発したものの、フランスの航空ショーで満座の中で墜落してしまった。これも就航させたがさっさとリタイアさせている。

にもかかわらず、イギリスとフランスだけが、どうしてこんなに長く引っ張ってし

まったのか?

「こんなに金をかけた以上、何とかしなくてはならない」

という意地とプライド。

平たくいえば、メンツがそうさせたのである。

やめればコストは永遠に回収できない。やめれば責任問題が発生する。やめれば世界の物笑いになる……メンツのために無謀で無益な開発をやめることができなかったのだ。

このような企画変更の不作為というのは、日本のお役所仕事では日常茶飯事である。工学的なところで、有名なのは原子力船「むつ」の開発である。1963年にスタートしたが、1974年に放射線が漏れ、係留港のことで揉めたにもかかわらず、実験を進めて1992年に1200億円かけてプロジェクトは終了した。これこそ、「賞味期限切れの失敗」であり、「目標設定間違いの失敗」である。実験が成功し、原子力船の性能が明らかにされても、誰も必要としていなかった。それがわかったのは1970年以前であり、日本以外の各国は原子力貨物船の研究開発を早々に切り上げていた。

失敗にも“慣性の法則”が働く

決めたことだから

金をかけた以上何とかしたい

メンツが立たない

社長の命令だからやめられない

“やめたいのにやめられない”
が最悪の事態を生む

⑪勇気をもって、ミスをミスと認める

初代プロジェクトリーダーが役員にでも出世していれば、誰も大きな声で「このプロジェクトは失敗だった」とはいえない。だから、皆がわかっていても、失敗の数の中にも入れていないケースがよく見られる。

まして、それが国の事業ともなったら最悪である。一度決めたことを「失敗でした。中止します」とは決していえないからだ。

会社だって同じである。会社の環境が変化して決定時の前提がものの見事に崩れ、誰が見ても失敗だと判明する。

しかし、まだ最初の決定は絶対に変えない。**そもそも、誰も失敗といわないから失敗自体が存在しないのである。**

このように、当初に想定した制約条件が、誰が見ても変化しているのにもかかわらず、企画を変更しないのは明らかに悪意である。悪意というのが言いすぎならば、勇気がないといいえよう。

新規事業の場合、3年以内にめどをつけろ、とよくいわれる。

つまり、3年間は赤字を許す。4年目からは単年度黒字、それから数年以内には累積赤字を一掃する、と会社は考えたがる。

だが、3年過ぎて赤字を垂れ流していても、結局、ここでストップさせたら元も子もないとばかりに継続させてしまう。そう判断してしまう理由は、3年間の累積赤字（人件費も含む）が膨大なためである。

赤字が累積しているために事業がやめられない、では本末転倒である。お隣さんとの近所づきあいならいざ知らず、ビジネスの基本は「ご破算で願いましては」という始末が大切なのだ。

新規事業が成功する確率はものすごく低い。1年もじっくり観察していれば黒字に転換するかどうかは推察できる。だから、3年間などと長期レンジにするのではなく、3〜6カ月をひとつの単位にして、そのつど中止するか継続するかを評価すればいいのである。

3カ月、6カ月、せいぜい1年ならば赤字もたいしたことはない。これ以上、傷口を広げないためにも「事業再評価委員会」を設立して短期スパンで評価することを勧めたい。

「経営の神様」が見せた、見事な負けっぷり

まったく儲からないのに取引をやめない。理由を聞くと、「先代から取引があるから」「長いつきあいだから」のひとこと。新規の取引先と商売するときにはハードルが高いくせに、既存の取引先だとハードルなどないに等しい。これを「腐れ縁」といわずしてなんといえばいいのか。ビジネスの世界にも物理学同様、「慣性の法則」が働いている。車は急に止まれない。

その点、私の知人の某外資系経営者は次から次へと会社を再建しているが、きわめてドラスティックに事業を行っている。ルノー・日産自動車のカルロス・ゴーン氏さながら、取引関係が長かろうと切るべき会社は躊躇《ちゅうちょ》せずに切っている。おかげで業績はあっという間にV字転換しているが、現場の営業マンからは評判が悪い。

「昔からの顧客を無下にはできない」「なんとか考え直してもらえないか」というわ

けだ。

この気持ちはわからないではない。膝を交えて築いてきた人間関係を売上、利益という数字だけで切り捨ててしまうのは納得がいかない。しかし、彼は経営者として断固として例外を認めない。この判断は正解であろう。というのも、こういった会社がダメになる理由はゴーン氏以前の日産自動車と「失敗の構造」は基本的に同じなのである。

ひとことでいえば、この腐れ縁が「もたれ合い＝依存関係」を作って企業体質を弱体化させていくのである。

勝負の世界は、勝ちっぷりよりも負けっぷりがモノをいう。勝負師はどう手仕舞うかが大事で、これも修羅場をくぐってきただけ知恵が湧くというものである。

その事業の素人には見えるものが、玄人にはまったく見えないというものもある。「腐れ縁」もそのひとつかもしれない。

30年前の話。シャープが小型電卓を開発してシェア1位になり、カシオが価格破壊とばかりに「答え一発！」のキャッチフレーズで新機種を登場させて業界を席巻していたときのことである。

残念ながら、松下通信工業（現在のパナソニック モバイルコミュニケーションズ）の電卓はまったく売れず在庫の山を築いていた。なぜなら、他社が小型軽量化競争をしているのに、この会社の製品はワープロほどの大きさだったのである。これでは売れるわけがない。当然、売上は止まったままである。クリスマスイブに経営会議が開かれ、担当する電卓事業部は最後まで残された。そして事業部長（事業部制なので社長にあたる）が在庫一掃計画について諄々《じゅんじゅん》と説明する。

この間、松下幸之助はじっと耳を傾けていたが、最後にこんなことを聞くのだ。

「きみ、もうこれ売れんのやろ？」

「……」

「これはな、人力車が自動車に変わったようなもんや。無理して売ったかて、かえってお客さんにご迷惑をかけるだけやないか？」

「……」

「しゃあないな、全部捨てい。よう捨てられんかったら、わしが買うたるわ」

なんと、当時の金額で6億円である。会議はこれで終わりだ。会議室を出るとき、幸之助はニコニコしていたという。そして、また、ひとこと。

「みんな、さっぱりしたやろ」

おそらく、事業部長も見えなかったのだと思う。いや、見たくなかったのだ。何を見たくなかったのか？

明らかな失敗を見たくなかったのである。


しかし、経営でも仕事でも、**いちばん大切なことは正しい現状把握なのだ。**見たくなくとも、現実をきちんと見なければ、正しい分析、正しい対策などが生まれるわけがない。説明を聞きながら、幸之助にはもう勝負がついたとわかったのだ。

ならば、できるだけ早く立ち直らせ、モチベーションをリベンジに向けてやりたい。これが経営者としての「始末」である。

負け戦に貴重な人材と資源を投入し、深追いすることなどナンセンスである。

そこで、「もう売れんのやろ？」「全部捨てい」「捨てられんかったら、わしが買うたるわ」といったのである。

⑪どんな変化にも対応できる、3種類のシナリオ

仕事でも事業でも商売でも、成功すればいいけれども、すべてがすべてそんなにうまくいくとは限らない。

失敗することがわかったとき、重要なことは、被害、損失、コストを最小限に抑えることに尽きる。そして、どうすればスムーズにソフトランディングできるか、手仕舞いができるかを考えておくことだ。

いわば、失敗の危機管理である。戦争を始めるのはどんな愚か者でもできるが、やめるには知恵がいる。**後始末のほうがむずかしいのである。**

コツは事前にシナリオを用意しておくことである。昔から、「備えあれば憂いなし」という。しかも、最悪を想定して手を打つこと。さらに、「正しい判断」は刻々と変化すると心得ておくこと。だから、用意したシナリオをいつでも捨てたり、書き換えることをあらかじめ覚悟しておくことである。

さて、シナリオは多ければ多いほどいいというものでもない。多次元のシナリオを

用意しても、しょせん振り回されるだけで実際的ではない。そこで、次の3種類用意しておけば十分であろう。

①あるべきシナリオ（＝ should-be forecast）

「こうであってほしい」と希望的観測が入ったシナリオである。現実を正確に見つめなければならないけれども、「うまくいけばこうなるのでは？」という夢がなければ虚しい。とくに、チームで仕事をする場合、ネガティブ情報だけでは滅入ってしまうメンバーもいるから、この手のシナリオを用意しておくと便利である。もちろん、リーダーはこのホラのようなシナリオを信じてはいけない。後で紹介する2つのシナリオを頭に浮かべなくてはならない。

②こうなるシナリオ（＝ would-be forecast）

きわめて現実的なシナリオである。希望的観測もなければ、悲観的観測もない。このままならばこうなるだろう、というシナリオだ。過去と現在を結んだ延長線上にある予測といってもよい。もちろん、ここには不確定な要素が介在する。そこで重要になってくるのが次の③のシナリオである。

ある。

③ **ありうるシナリオ**（＝ could-be forecast）

「万が一のことがあればこうなりかねない」という最悪の事態を想定したシナリオである。

もしこれ以上のことが起きたら？

そのときは人智の及ぶところではない。まな板に載った鯉である。このとき、勇気をもっていうべき言葉が「出たとこ勝負」である。

ここで学ぶべきは、最悪のシナリオを描いて悲観することではない。

「もうこれ以上は落ちない」

「落ちないように打つべき手（対策）はすべて打った」

「後は目標に向かって邁進するのみ」

と、自分のビジョンに揺るぎない自信を打ち立てることである。

この3つのシナリオを準備することが典型的な目標達成管理である。ゴールを設定して、どうすれば到達できるかを指針として描く。それを周囲の人間に見えるように説明する。

これを「経営ビジョン」というのである。

でも、③のありうるシナリオ通りに、事業から撤退することは上述のコンコルドや電卓の例のように非常にむずかしい。やるにはリーダーを変えるしか手はないのかもしれない。

3章のまとめ

・リーダーがミス防止に強い関心をもっているだけで3分の2の失敗は消える

・ミスをした場合、次の行動が試される。犠牲すら覚悟する徹底的な対策が必要

・「甘い見積もり」は大きなミスにつながる

・プライドやこれまでのコストが邪魔して、ミスをミスと認めない場合がある

・大きな仕事には次の3つのシナリオを準備しておくと安全である
①あるべきシナリオ（希望的観測が入ったシナリオ）
②こうなるシナリオ（楽観も悲観もしないきわめて現実的なシナリオ）
③ありうるシナリオ（最悪の事態を想定したシナリオ）

4章

ミスを将来の財産にする考え方

――できる人は、転んでもただで起きない

失敗の予防学⑭

「試行錯誤の法則」

常識にしがみつくと、本質を見失う

結果が期待はずれになったのは、結果が間違っているのではなく、プロセスのどこかにミスがあった、と考えるべきである。

間違った結果を導き出したのは、逆説的な表現かもしれないが、ある意味で正しいのである。プロセスが間違っているから、正しく間違ってしまったのである。

もっとも怖いのは、プロセスが間違っているにもかかわらず、「結果オーライ」で成功を収めてしまうことだ。

これでは失敗の根本的な原因を突き止められていないだけに、近い将来、重大な失敗や事故を発生してしまう危険性さえある。

夏が終わって季節はすでに秋。にもかかわらず、秋冬物の衣料品がさっぱり売れない。

しかも7年連続の前年割れである。そこで、毎週、開催している業務改革委員会で、イトーヨーカ堂の鈴木敏文氏（セブン&アイ・ホールディングスCEO）は全国から集まる店長たちを前に次のように叱咤《しった》している。

「秋冬物がさっぱり売れていない。売れないに決まっている。暦の上では秋だが、猛暑で例年より平均で2・8度も高い。つまり、お客様は夏より今（10月）のほうが暑いと感じているのだ。こんなときに秋冬物を出しても買っていただけるわけがない」

1993年は一方で、総合小売業各社の業績が冷夏の影響で悪化した。イトーヨーカ堂はそれまで10期連続の増収増益を続けていたものの、冷夏への対応が遅れたおかげで衣料品の売上が低迷し、値下げによる在庫処分が利益を圧迫して11期ぶりの経常減益に陥ってしまった。

夏は夏物を売るのが当たり前、秋になったら秋冬物を陳列する売り場に換えるのが当たり前と考える。

衣替えは日本の風習だし、長年の業界常識だから、全国のデパート、スーパーは暦にしたがって一斉に売り場を換えてしまうのだ。売り場が換わるということは、商品が換わることを意味している。

だから、外は猛暑であるにもかかわらず、売り場からは夏物が消え去り、秋冬物が並ぶことになる。店長もフロアマネジャーも売り場担当も半袖を着ているのに、毎年のことだからと何ら疑問を感じない。仕入れもそのつもりで発注しているし、スケジューリングもしている。ベテランになればなるほど陥りやすい失敗の罠がここにある。

常識は8割正しい。しかし、残りの2割は間違い。こう思っているくらいでちょうどいいのではないか。この2割にいかに早く気づくかどうかでその後の立て直しの成否が決まる。売上はともかく、利益は最後の2割で決まる。早く気づいて、早く立て直せれば、早くリカバーできる。今までの損失を取り戻すことさえできる。

経営はヨットの操舵に似ている。逆風でも順風でも風があれば、ヨットは走る。冷夏であろうと、猛暑であろうと、衣料品が売れないことはない。予測ミスではなく、対応ミスのほうが大きいのだろう。

ビールやエアコンは秋でも売れ行きが絶好調だったのだから、少し考えればわかるはずだ。考えなくても、周囲を観察していれば気づく。だが、気づかなかった。業界の慣習に慣れきっていたからだろう。季節感のない国ならばこんなことはなかったかもしれないが、あいにく日本には季節感があるし暦がある。暦を見る習慣が実態を見つめる目をくらましてしまったのかもしれない。

ところで、このケースはイトーヨーカ堂だけでなく、誰もが頻繁に出合うものである。この厄介さは、ベテランになればなるほど、専門家になればなるほど、知識があればあるほど、経験豊富になればなるほど、引き起こしがちである。

「問題意識をもっていないデータなど、いくら数字を並べてもなんの意味もない」と鈴木氏は述べている。問題意識とは今、自分が抱えている仕事上のテーマのことでもある。問題意識やテーマをもっていなければ、目の前で起こっている、肉眼で見えることすら見落としてしまう。暦のようなデータに気をとられて失敗するのである。

目的は季節物を売ることなのに、手段として、「気温に合わせて商品を準備する」のではなく、「例年通りの暦にしたがって商品を準備した」のである。雨が降り出したら、店の前に傘を陳列するくらいの機敏性が必要である。

冷夏のとき、イトーヨーカ堂は夏商戦にさっさと見切りをつけて秋物に賭けるという機敏な動きで対応した。すなわち、8月中旬から大型店でブーツを販売し始めたのである。当初の計画では下旬からの展開だったにもかかわらず、2週間、前倒ししたというわけだ。

わずか2週間である。放っておいてもあっという間にこのくらいの時間は過ぎていく。だが、機敏に手を打った。しかも、これがヒットした。つまり、「風」をつかまえたのだ。やっぱり、「ヨットの経営」でなければお客の心をつかめないのである。

「現場」×「データ」で分析する

真面目に仕事をしているのに失敗したとき、次の2つの理由が最初にあげられる。

83ページで述べた「部分的思考停止」の失敗である。

ひとつは、1点のみに注目したために周囲や全体像が見えなくなってしまうから。

もうひとつは、あちこち目移りしてこれまた周囲や全体像が見えなくなってしまうから。

暦だけを見て判断ミスをしたのは前者である。かといって、いろいろなデータ、数字に振り回されても現実には何の役にも立たないけれど、少なくともマーケットとデータの2点は相補的にチェックすべきだった。

マーケットを見てから、次にデータで確認する。データを見てマーケットはどう動いたのだろうかと分析する。この双方向のダブルチェックが失敗を極小化する。

「冷やし中華は、梅雨明け前までは気温の上昇と比例して売上が伸びるけれども、梅雨明け後は気温が上昇しても売上があまり伸びない」

鈴木敏文氏がセブン‐イレブンの業者から聞いて調査したところ、データではまさにその通りだった。7月下旬をピークに後は落ちていく一方だったのである。しかし、マーケットをとことん調べてみると結果は違った。

「これは気温との相関関係ではない、お客様の飽きによる現象である」

そこで、これまでの冷やし中華とは違った冷たい味噌ラーメンを開発して店頭に出してみたところ、今度は売上がグンと伸びたのである。やはり季節物だから売れなかったのではなく、飽きられたから売れなかったのだ。

前年によく売れたもので、翌年も引き続き売れている商品は全体の3割もない、という。そのくらい、スクラップ・アンド・ビルドの激しい売り場である。

売れる商品の7割はどんどん入れ替わっているから、今、売上が伸びている商品はほとんどが新商品であり、定番商品に頼っていたら先細りするばかりである。


こういう売り場を活性化するために重要なことは、「これはいけるんじゃないか!」という仮説を立ててどんどん検証することである。いわば、トライ・アンド・エラーを繰り返して商品を鍛えていく作業である。

コンビニで普通に売られているおにぎりなど、従来はスーパーにもなかった。いまや、どこでも扱っている。レジ横のおでんもそうだ。いまや、夏でも販売されている。これらはすべて、従来の常識を打破するものばかりである。

「今の時代はお客に意見がない」といわれる。消費者はたくさん並んでいる商品群の中から選択するだけだから、欲しいものを事前にいってはくれない。だから、商品を売る側がマーケットに働きかけてどんどん提案すべきである。

たとえば、イトーヨーカ堂では羽毛布団が隠れたヒット商品となっている。もともと、1万8000円と5万8000円の2種類の価格帯の商品を置いていたところ、高い羽毛布団はあまり売れなかった。そこで高級布団を外さずに、新たに3万8000円という中間価格帯の商品を入れたところ、5万8000円の高級布団がいちばん売れるようになってしまった。

これをどう解くか？

経済学では説明がつかない。心理学的な問題である。消費者がどう判断するかは実際にマーケットで検証するしかない。

また、イトーヨーカ堂では卵に日付が入れられて販売されている。これも業界初である。消費者は鮮度を気にするから日付など入れたら売れ残ってしまうのではないか、と議論になったそうだ。

しかし、賞味期限にうるさい国民だからこそ、鮮度表示のない商品を買わない。だから、これも日付を入れてから売上がグンと伸び、在庫ロスも減ったのである。

これも経済学、経営学では解けない、消費者心理のなせる業である。

失敗の予防学⑮

「一極集中の法則」

“イチかバチか”のギャンブルに乗らない

一極集中にはたくさんのメリットがある。

材料にしても、あちこちに小ロットずつ発注するより、ひとつの工場に発注を集中させれば、スケールメリットによってコストは格段に下がる。運搬配送も同様で、本社工場の周辺に衛星のように協力工場が配置されていればより早く納品できる。

だが、一極集中には先に述べたように、部品ひとつのトラブルでもシステム全体に重大な影響を及ぼすデメリットも内在する。

これらのメリットとデメリットを天秤にかけ、いったいどちらを優先するかについては経営判断に任せるしかない。

ところで、どれだけ一極集中が危険性を秘めているか、次の事例を通じて考えよう。

「まさか」の際まで想定しておかないと……

技術力に定評のあるベンチャー企業があった。大企業も垂涎《すいぜん》する技術である。次々に先端技術の集積とも呼ぶべき重要な商品を製造していた。まさに破竹の勢いである。あるとき、大企業の一社から大量受注を受けた。

他の細々とした仕事はカットして、この注文をさばくだけで工場をフル稼働させなければならないほどである。しかも安定的、長期的に受注が確保できるとあって、技術屋社長も喜んで契約書に判をついた。

そして、最初の3年間は契約書通りに受注できたのだが、4年目に大企業は納入価格の見直し、早い話がコストダウンを要求してきた。最先端技術であるだけに、他のメーカーでは作れない製品である。

とはいっても、すでに工場も新設し、大企業向けの専門工場のような状態になっている。納入価格の引き下げを呑むしかなかった。半年後には技術提携を打診された。断ってもよかったが、やはり、売上の8割以上を占める得意先となっているため、断った後にどんな報復が待っているかわからないために、技術提携するしかなかった。

今、このベンチャー企業はこの大企業の子会社になっている。技術提携の後に資本提携、平たくいえば、「株式の論理」によって支配されてしまったわけである。

本来であれば、最先端の技術力を武器に独立独歩の道を歩むつもりだったにもかかわらず、売上の8割以上も占める関係が支配隷属関係を決定づけてしまったのである。

もし、このベンチャー企業がこの大企業からの売上が急増することに、安心感ではなく危機感を抱いていたとしたら状況は全然違ったものとなっていたことだろう。

どちらがいいか悪いかという話ではなく、一極集中にもメリットもあるがデメリットもある。チャンスもあるけれどもリスクもある。このことを心得ておくべきである。

"世界一の営業マン"の思考法

もし、前項で紹介した経営者がソニーの盛田昭夫氏のケースを知っていたとしたら、大量受注すべきか否かの判断は変わっていたはずである。

今から半世紀前、トランジスタラジオを引っさげて、ソニーのファウンダー盛田昭夫氏は単身アメリカに乗り込んだことがある。幸い、飛びつきたいほどの契約の申し出をいくつか得ることができた。全米で150店舗も展開するユダヤ人バイヤーもそのひとりで、大量の注文をくれたという。

「ただし、5000個、1万個、3万個、5万個、10万個のロットの各見積もりを提出してほしい」と釘を刺される。

「10万個ですか？　いったいどのくらいで売り切るんですか？」

「1年かな」

なんと魅力的な商談なんだ、と彼は素直に感動したらしい。ところが、ホテルに戻ってからハタと考え込んでしまうのだ。なぜなら、年間10万個のロットを確保するには新工場がどうしても必要になる。

しかし翌年、いらないといわれたら建設したばかりの工場はどうなるのか。

考えに考え抜いた結果、納入価格は注文数に応じて設備拡張費を賄える利益を見込んだ額にしよう、と決める。

試算すると、5000個の注文は定価で納入する。1万個を超えたらディスカウントする（このロットが相手にはいちばん利幅が大きい）。それ以降はどう計算しても、納入価格は一方的に上がるのみであった。5万個の注文でも5000個のロットより単価が跳ね上がるし、10万個になるとさらに大きく跳ね上がるという価格構造にせざるを得なかったわけである。

もちろん、こんな契約にバイヤーたちが納得できるわけはない。

「ミスター・モリタ。私はもう30年近くバイヤーをやっているけれども、注文が増えれば増えるほど単価が上がるなんて見積もりは見たことがありません。どう考えたって理屈に合わないでしょう?」

「年間10万個の生産工場を新設しても、来年の契約はあくまでも未定です。ですから、工場の償却はこの10万個の売上の中ですべて吸収しなければならないんです。もし毎年10万個買うつもりならば、今年はこの価格でお願いできませんか? そのかわり、来年は工場がありますからディスカウントできます」

相手はまた考え込んでしまった。別室で1時間ほど協議した結果、彼らは微笑を浮かべて契約書を出してきた。

そこには「1万個」というロットが書かれていた。彼らも試算したのだろう。このロットでの取引がお互いにベストの結論だったのである。

実は、盛田氏がこのように交渉できたのには理由があるのだ。事前にアメリカ人ビジネスマンからたっぷりユダヤ商法のレクチャーを受けていたのである。というのも、当時、日本のメーカーは、似たような商談で彼らに次々と手玉にとられて大きな損失を生んでいたからである。

こんなセールストークなのだ。

「10万個注文しましょう。ただし、そのうち5000個を先に納品してください」

10万個の納入価格と5000個のそれとが同じわけがない。10万個のほうが大量生産のメリットがあるため、1個あたりの単価ははるかに安くなる。はなから5000個しか引き取るつもりがないにもかかわらず、10万個の納入価格で5000個分を買い取るつもりだったのだ。

では、残りの9万5000個は？　ほとんど知らん顔である。当時、このやり口に多くの日本企業が引っかかっていたのである。

それはそうだ。いきなり、10万個などという大量発注を聞かされたら、歓喜のあまり舞い上がってしまうだろう。営業マンなど、相手の気が変わらないうちに一刻も早く契約をまとめたい、とすら考えるかもしれない。

「うまい話には裏がある」などといった格言は現実を前にしたときには都合よくコロッと忘れてしまうものだ。

「私だけは違う」「この人だけは違う」という希望的観測すら脳を支配してしまう。なんとも巧みに人間心理をうまく突いたやり方だと思う。しかし、盛田さんは日本企業の失敗を「他山の石」として知識化、教訓化できていた。事前に彼らの商法を知識、情報として心得ていた。だからこそ、彼だけは引っかからなかったというわけである。

失敗の予防学⑯

「偶然性の法則」

今日のミスが、明日の大成功に変わる

新商品の開発や先端技術の研究開発の成果を考えるとき、「偶然」をものにできるかどうかが、ことのほか影響大と考えざるをえない。

つまり、「セレンディピティ（偶然になにかを発見する才能）」である。

セレンディピティとはイギリスのウォルポールという作家だった人物の造語である。小説の中に登場する王子は探し物ばかりしているが、毎回、探しているものより価値のある「めっけもの」を見つけてしまう。

その王子の生まれ故郷がセレンディップという地域だった。セレンディピティの語源はここにある。

漫画家の手塚治虫氏がクライアントから動物のイラストを頼まれた。

真夜中、オレンジ色のほの暗いライトの下でライオンを絵の具で描いていた。朝になり、明るい自然光の下で見ると薄くて白っぽい。「失敗だ！」と思った。

でも「早く描き変えなければいけない。気を取り直してもう一度描こう……」とは思わなかった。

「これ、意外といけるんじゃないか？」と、彼の中で何かがスパークした。

「天才」と呼ばれる人は、ここが違う

セレンディピティは、いつでも、誰にでも、実は与えられているものなのだが、たいていの人は気づかないまま通り過ぎてしまう。そんなものなのだ。

人は運がいい、というけれども、**運にせよ偶然にせよ、いつも私たちの周囲を飛びかっているものなのだ。**それに気づくか気づかないか、つかむかつかめないかは別にして、偶然の神様のほうでは始終メッセージを送っているのである。

この偶然を活かす力、偶然を呼び起こす力が強ければ強いほど、その人は「天才」と呼ばれる。

天才の名をほしいままにした手塚治虫氏だが、彼の『ジャングル大帝』は、ディズニーが『ライオン・キング』としてコピーするほど全世界で共感を呼んだ傑作である。しかし、この白ライオンの発想にしても、怪我の功名、偶然の産物以外のなにものでもない。

「これ、意外といけるんじゃないか？」

レオが誕生した瞬間である。作家というものは、何かのきっかけからストーリーが泉の如くに湧き出てくる。

醜いアヒルの子は実は白鳥だった。この白ライオンも、孤児として生まれたものの、いずれ百獣の王としてジャングルに君臨することを運命づけられている「醜いライオンの子」ではないか。艱難辛苦《かんなんしんく》を経験するうちに正真正銘の王として成長する一代記。これがコンテである。

科学の分野にもセレンディピティはたくさんある。たとえば、ドイツの石炭研究所にチーグラー博士という人がいた。この人は世界に先駆けてポリエチレンの新合成法を発見したことで知られている。実験をしていると容器に滓《かす》がつくという問題が頻発した。無用な滓に過ぎないと思って、この滓をなんとか除去する方法はないかと考えた。そのためにはまず成分分析をする必要がある。

そこで、調べると……その滓はポリエチレンだったのである。しかも、常温常圧法という画期的方法が編み出されてしまった。

画期的なアイデアや新商品、研究開発にはセレンディピティがつきものなのである。

ミスから生まれた、ノーベル賞級の発見

2000年にノーベル化学賞を受賞した白川英樹博士が電気を通すプラスチックを発見したきっかけも学生のミスが要因である。

若き日、白川博士は大学助手として学生の実験指導をしていた。アセチレンガスからポリアセチレンという高分子を合成する際に、ひとりの留学生が間違って指示されたものよりはるかに高い濃度の触媒を使ってしまった。どうやら、ミリ・モル（mmol）のmを見落としてしまってモル単位で触媒溶液を作ってしまったのである（モルはミリ・モルの1000倍である）。

もちろん、実験は失敗した。ポリアセチレンの粉末の代わりに膜状のものができてしまったのである。だが、ここでこの失敗をすぐに捨てない。研究習慣から、この膜はいったい、なんなのかと調べるのである。

すると、それはポリアセチレンのフィルムと判明。性質や合成方法を詳しく研究した結果、ついに世界ではじめて電気を通す高分子の合成に成功するのである。

「当時の化学者はポリアセチレンが膜になるなどと誰も考えなかった。ポリアセチレンは粉末にしかならないという先入観に支配されていた。私もそうだった。その先入観を学生のミスが打ち破ってくれた」

白川博士はテレビ番組でこう発言している。

想定外の結果は想定外のプロセスから生まれる。想定外の結果を求めたいなら、想定外の実験をしなければいけない。にもかかわらず、想定外のことは誰も意図的にやろうとはしない。

そこで、誰かがミスや失敗を犯してくれて、はじめて想定外の結果を得られるのだ。エラーが意図しないものだったからこそ、画期的な成功を収めることとなったのである。科学史における大発見がうっかりミスの賜物だったというエピソードを述べるだけで何冊もの本が書けるはずだ。

2002年にノーベル化学賞を受賞した田中耕一氏（島津製作所勤務）は学士号しかもたない現役社員、しかも研究のために昇進試験も受けず主任のままという「世紀のサラリーマン・ノーベル賞科学者」として脚光を浴びた。

彼の研究はタンパク質の精密分析を可能にするもので、ガンの早期診断や個人の体質に合致した新薬の開発など、今後より一層高い技術開発を急展開させるものといわれている。この研究も「偶然の失敗」が決定的な主役を演じていたことで知られている。

入社3年目、実験で高分子の試料にコバルトの粉末とグリセリンを別々に分析しようとしたにもかかわらず、グリセリン（液体）がコバルトに垂れてしまった。

高価な材料だけに捨ててしまうのももったいないので分析してみたところ、従来の方法では不可能な測定が、コバルトをつけたことで思いがけず可能となることを発見したのである。

「最初からグリセリンとコバルトを化合させるつもりはなかったが、間違ってしまった。放っておいたら、従来の測定方法ではできないものが測れた。ひょうたんから駒だ」と当の本人がいちばん驚いた。

ただし、グリセリンとコバルトという2つの物質に注目したくらいだから、誰かがいずれかはたどり着いていたはずである。実際、似たような研究開発は世界中で行われているから、先を越される可能性があったことも否定できない。

ミスをしても「本当に失敗なのか?」と必ず再検証する

彼らの失敗はいずれも世界的大成功へとつながっている。その秘密はいったいどこにあるのだろうか?

「失敗した」と感じても、一応、分析したり(田中)、検証したり(白川)、あるいは「これ、いいんじゃないか?」と活かす方向でアイデアを練り直している(手塚)。

おそらく、このときだけたまたま、こうしたわけではなく、いつもこうしている、という習慣なのだと思う。世紀の大発見となるまでに、数え切れない失敗、ミスを繰り返してきているのであろう。

失敗を失敗としてすぐに捨てずに活かす道を考える。失敗は資産である、と考える。

こういう習慣は重要である。もし、今、仕事でうまくいっていないとしても、これは失敗だ、もうダメだ、ご破算にしないといけない、と思い込んでいるから好転しないのかもしれない。

見切り千両でさっさと捨てて方針転換することもひとつの手だが、この失敗をプラスに転換させる方法はないか、と用途開発する習慣をつけておきたい。

生真面目にまっとうに考えているかぎり、偶然は偶然のままにするりと通り過ぎていってしまう。

並みの人材が偶然を必然に変えるには、世間一般、尋常な発想からジャンプしてみてもいいのではなかろうか。

「まっとうな奴は自分自身を世間に合わそうとする。まっとうでない奴は世間を彼ら自身に合わせようとする。だからこそ、あらゆる進歩はまっとうでない奴によって作られるのだ」（ジョージ・バーナード・ショー）

たしかに、そうかもしれない。

「減点主義」ではやる気も出ない

成功したら慢心し失敗したら意気消沈し、ひどい場合は責任転嫁してやまない。こんな組織で、はたしてモチベーションなど上がるのか。

2007年、不二家が消費期限切れの材料を使っていたとして非難されたとき、経営トップはパート従業員に責任転嫁していた。

日興コーディアル証券の不祥事でも、2005年3月期決算で孫会社の特定目的会社（SPC）とSPCが買収したコールセンター会社「ベルシステム24」を連結決算とせずに不透明な会計処理を行っていたが、これをすべて現場担当者の責任に転嫁していた。

いずれも後日、経営トップや役員が関与していた、と報道されている。

事件発覚後、経営陣がいくら会社を守ろうとしても、「私たちはトカゲの尻尾か」と感じる従業員が愛社精神や忠誠心などを持続してくれるわけがない。

考えてみるとよい。敗者復活のチャンスすら与えられず、さらには身に覚えのない責任まで負わせられるような組織で、誰が本気になって仕事をするものか。

こんな環境では身の保全、安全第一を後生大事に考え、恙《つつが》なくサラリーマン人生を過ごそうという人間しか集まらないのではなかろうか。

万が一、失敗しても、言い訳だけは抜群にうまく、あわよくば責任を他人や景気、あるいは政府に転嫁してしまおうとする。まさに腐った鯛は頭（経営トップ）からダメになっていく。

従業員は経営トップの一挙手一投足に注目しているからこそ、率先垂範がいちばん重要なのである。

「失敗を憎んで人を憎まず」

この精神で従業員に対してほしい。一度失敗したら二度と浮かび上がらない、敗者復活もできない組織だから、失敗を隠蔽したり責任転嫁したがる体質が育まれるのである。すべては経営トップが土壌を作っているのである。

私が昔、現場の主任をやっていたとき、「作業を憎んで人を憎まず」と工程管理の課長にいわれた。作業者が不良を出したのを、誰がやったんだ、と最初から犯人探しすると現場がすべて隠してしまう。

このときに、作業者が悪いのではない、このような工程を作った作業手順者が悪い、つまりそれを作った自分らが悪い、再発防止のためになにをやったらいいか教えてくれ、と頼むのである。これは日本でもアメリカでも同じである。

減点主義ではなく加点主義で人を評価することが、今ほど大切になっている時代はないだろう。

世界のホンダを作った本田宗一郎など、「我が社にもっとも大きな損害を与えた社員に対して社長賞を与える」と徹底的に加点主義を制度化していた。

実際に会社に損害を与えた社員を表彰することなど考えられないが、これは、「向こう傷は問わない」というメッセージにほかならない。

「会社のため、仕事のためによかろうと信じてやった。それがたまたま失敗しただけだ。次は成功するに違いない。また、教訓にしてぜひとも成功してもらいたい。**今日の大失敗は明日の大成功に通じる。**恥じることはない」ということだ。

4章のまとめ

・常識は8割正しい。しかし、残りの2割は間違いであることを忘れない

・「仮説」→「検証」を頻繁に行うことで、凝り固まった常識を打破できる

・イチかバチかの選択をするときには、最悪の場合の保険をかけておく

・天才的なアイデアは、偶然起きた失敗から生まれることが多い

・ミスをすぐ捨ててしまわず、分析や検証を加え、ミス自体を活用する方法を考える

・本田宗一郎は、挑戦した結果の失敗を積極的に評価した

5章

ミスの起こらない「仕組み」をつくる

——失敗の芽を元から絶つ！

失敗の予防学⑰

「構造の法則」

"マニュアル"はいつも破られるためにある

失敗が起きるたびに「やる気があるのか、もっと真面目にやれ！」「もっと注意深くやればこんなことにはならないんだ！」と怒鳴る人が少なくないけれども、そんなことをいくらいったところで失敗は起きる。残念ながら、こんな発想でいるかぎり、似たような失敗が次から次へと繰り返される。

私の小さい息子は計算間違いが多かった。妻は「確実に解きなさい」「慌てずに丁寧にやりなさい」と怒っていた。

これはいわゆる対症療法である。ある日、テストの問題用紙を見ると、余白に掛け算や割り算の筆算をしたあとが残っていたが、答えが大きな数になると桁がずれることがわかった。とくに割り算になると、割る数をひとつずつ降ろしてくるときにずれてしまう。掛け算九九に誤りはない。ということは「筆算の桁をしっかりまっすぐに並べなさい」と注意するのが効果的だとわかる。これが根本治療だろう。

失敗を予防するには対症療法ではなく、**失敗の根本治療とも呼ぶべき失敗予防法を見つけなければならない。**

大手の外食産業では、鉄板やキッチンの掃除をするときに専用のクリーナーを使っていた。たしかに強力な洗浄力があるのだが、あまりにもアルカリ成分が強いために間違って目に入るようなことがあると失明しかねない、という危険なものだった。

そこで、マニュアルでは「使用時には使い捨てゴーグルを使用するように」と明記し現場でも指導を徹底していたはずなのだが……15年間無事故を記録したその日、アルバイトのひとりがマニュアルを守らずに使用し、運悪く目に洗剤が入り失明の危機に陥ったことがある。

「精神論」だけでミスはなくならない

マニュアルにも記述し、現場でも口を酸っぱくして指導、注意を呼びかけているにもかかわらず、守らない人間は守らないものである。

「マニュアルを守らなかった本人が悪い」ともいえなくもないが、マニュアルがいつもきちんと守られているという性善説に立っていては、この手の万が一のトラブルはなくならない。むしろ性悪説の立場で考えたほうがよい。

この1件の事故で、この会社の経営トップは従業員に万が一の事故があってはならないと、即刻、使用中止を決めた。もちろん、この強烈な洗剤に代替可能で、かつ安全な新洗剤を開発するために、プロジェクトチームを作って研究に当たらせたことはいうまでもない。

私も「失敗学の伝道師」として多くの講演をしてきた。そこではお決まりの「安全意識高揚週間」「ヒューマンエラー撲滅運動」のようなスローガンを後押しすることを頼まれたこともある。

しかし、こんな精神の叩き直し程度で失敗は減るのだろうか。

その安全週間中は減るかもしれないが、年間を通して減ることはない。失敗の原因は「人の問題」なのか、それとも仕組み・システムという「構造の問題」なのかを検討してもらいたい。

まず、「人の問題」を考えてみよう。

作業の違反理由には無知、無視、過信があると1章で述べたが、ここでは最初から違反する意図はなかったと仮定しよう。すると、

①**ルール（規則）を知らない**（無知）
②**ルールを理解していない**（誤判断）
③**ルールを実践していない**（手順の不遵守）

の3種類である。このどれが原因なのかが判明したら、当人と話し合いをして、きちんと教育すればいい。

前項で述べたゴーグルの未着用は、③「ルールを実践していない（手順の不遵守）」に含まれる。意外とこの意図的な安全装置解除による事故は多く、大学でもレーザを扱うときに実験装置全体が見えないからといって遮光ゴーグルをはずしたり、金属加工するときに切り屑が目に入ることを防ぐ安全メガネを暑いからといってはずし、あ

げくの果てに網膜に剝離や損傷を負う学生が後を絶たない。

次に「構造の問題」の根本治療を考えてみよう。

これは、「人の問題」の対症療法とは別物で、**失敗やミスが起きる原因を元から絶ってしまうという方法**である。

外食産業でしょっちゅう起きるトラブルは、従業員が包丁作業などで怪我をしてしまうことだ。これは一日に何回起こるかわからない。いったいどうして怪我をしてしまうのか？　料理をしたこともない学生アルバイトにいきなり包丁をもたせるからか？　アルバイトの不注意、熟練不足なのか？

根本的な原因は、「包丁を使う」という構造的な問題にある。

ならば、調理場から包丁をなくしてしまえば？　……こうして生まれたのがセントラルキッチンである。

今、マクドナルドや吉野家といったファストフード店、ファミリーレストランの多くでは包丁の類は店舗には一切置かれていない。切る必要がないように工夫されている。ケチャップやピクルス、その他の野菜でも、缶詰めの代わりにプラスチック包装材を使っている。包装材には通気性の少ないプラスチックやシール、加熱殺菌の容器

対症療法でよいか、根本治療が必要か？

失敗原因①
人の問題

「無知」「誤判断」「手順の不遵守」
の観点から原因を究明し、教育する

対症療法

失敗原因②
構造の問題

仕組み、システムそのものを変更し、
原因を元から絶つ

根本治療

「人の問題」で済まないときは、
「構造の問題」に置き換える

などが用意されており、この開発にはトータルで20年以上の年月がかかっているという。

キッチンから包丁とまな板が消えたおかげでどんな効果があったか。従業員が怪我をしなくなった。すると、切り傷からブドウ球菌が食品に混入して発生する食中毒のリスクを予防できる。

ここ数年、ブドウ球菌による食中毒がテレビや新聞などで報道されている。これらはすべて、衛生的な工場で処理されずに、店舗内で処理したときの小さな怪我が原因のものばかりである。くさい臭いも食中毒も、元から絶たなければダメなのである。

「過剰適応の法則」

失敗の予防学⑱

成功事例を追いかけると、かえって危険

ダーウィンの『進化論』には、「最後まで生き残る生物とは最強の生物でもなければ、もっとも賢い生物でもない。それはもっとも環境に適応した生物である」とある。ところが、会社という生物は環境変化に過剰に適応してしまうと、あっという間に滅亡してしまうから怖い。

かつてのアメリカの名門企業、パッカードがそうである。

1899年に設立された同社は、もともと「アメリカのロールス・ロイス」といわれた高級車メーカーである。その後、黄金時代を迎え、第29代の大統領に選ばれたウォーレン・ハーディングがパッカードに乗り込んで就任会場に到着するなど、当時、

アメリカの富と権力をシンボライズする自動車メーカーだった。

ところが1929年、大恐慌を境にパッカードは転落することになる。未曾有の不況が襲ったおかげで、販売台数は一挙に3分の1にまで凋落するのである。この危機に際して、CEOのアルヴィン・マコーレーは「不況には不況の経営方法がある」と見得を切り、従来の顧客、つまり富裕層からの脱皮を図る。すなわち、中産階級向けの自動車生産を決断した。乾坤一擲《けんこんいってき》の大勝負、イチかバチかのギャンブルである。

なぜなら、今まで積み上げてきた高級車というイメージを捨て、中間価格帯に乗り込むのだから。そしてこの勝負に負けて、パッカードはマーケットから撤退することになる。

急激な〝方向転換〟が致命傷に

転換早々はたしかに成功した。フォード並みの生産方式で「120」という大衆車を世に出し、これがものすごく売れたからである。

なにしろ、価格が正味3〜4倍もする高級車パッカードと外見上はそっくり。今なら、さしずめベンツやセルシオとまったく同じ形の車が激安で販売されたに等しいから、人気が沸騰するのも理解できよう。

しかし、それ以上にお客を吸い寄せた要因は価格破壊なのである。なにしろ、当時、この車が販売されると現物を見ずに購入した客が1万人もいたのだからお買得感は推して知るべしである。

ところで、あなたがすでにベンツのオーナー・ドライバーだとして、愛車の価格が4分の1にまで下がったらどう感じるだろうか？　また同じ車に買い換えるだろうか？　たぶん、もう買わないだろう。

極言すれば、この車の価値は、「ちょっとやそっとでは乗れない」というステータスにあるのだ。ブランド価値とはここにある。グッチ、エルメスはなかなか手に入らないからこそ、何年も待つ気になるのである。

「いつでも手に入るよ」「そこのスーパーでも売ってたよ」ではブランドの座は維持できなかったはずである。パッカードにしても誰もが乗れる大衆車では、アッパークラスの人々は買い換えをする気には絶対にならない。しかも、デザインだけでなく、ご丁寧にもブランドも同じパッカードを使用したのである。「パッカードといえば高級車」というイメージから脱却しようとした戦略が完全に裏目に出てしまった。この会社は1958年にスチュードベイカーと合併し、ブランドは消滅してしまった。

“天の邪鬼”発想をするメリット

失敗の原因で意外に多いのが、成功例をなぞることである。「柳の下にドジョウが2匹」とばかりに、成功事例を追いかける。ところが、意に反してそれがうまくいかない。

なぜか？

類似商品はどこまでいっても類似商品であって、本物ではないからだ。1979年、ソニーのウォークマンが大ヒットした。場所を選ばず、いつでもどこでも音楽が聴けるため、当時の若者に全面的に受け容れられ、社会現象にまでなった商品である。

いくら売れたといっても、ソニー全体の売上の中では微々たるものであったが、この商品はまさしく「ソニー的な商品」であり、ソニーブランドをシンボライズしたもの、として高く評価されている。

さて、電機メーカー各社はこの携帯型ステレオカセット・プレーヤーをこぞって真似した。ウォークマンと同じように売れると思ったのだ。

だが、まったく売れなかった。若者はウォークマンが欲しかったのであって、類似商品には目もくれなかった。ヒット商品に誰もが追随したがるけれども、二番煎じではどんなに頑張っても創業者利益はとれないのだ。これを称して「成功の復讐」と呼ぶ。

ならば、成功に復讐されないように逆転の発想をしてみてはどうか？　たとえば、英語ブームならば日本語にシフトしたり、インターネット時代だからこそ、逆に人と人のふれ合いをキーワードに考えてみる。こういうコントラリアン（天の邪鬼）でなければ、とてもヒット商品、画期的な研究開発などひらめかない。

鈴木敏文氏（セブン&アイ・ホールディングスCEO）は、「売れているから安心ではなく、売れているからこそ怖い」と述べている。これが典型的なコントラリアン的発想である。

たとえば、美味しい食べ物があれば、お客は喜ぶ。注文が殺到する。もっと食べたくなるからよく売れる。結果として、売れ筋商品となって店の売上に大きく貢献する。すると、店長（オーナー）は「美味しい商品＝売れ筋商品＝永遠に儲かる商品」と思い込んでしまう。すると、店側はこの商品に依存するようになる。ところが、現実の消費動向をチェックすると、「美味しい商品＝飽きる商品＝パタッと売れ行きが止まる商品」となっているのだ。

どんなに美味しい商品でも何度も食べれば飽きるに決まっている。どんな売れ筋商品にも「賞味期限」がある。**売れているからといって安心せず、逆に怖いと考えている人だけが、危機へのアクションに素早く手を打てるのである。**

失敗の予防学⑲

「甘さの法則」

「いい人」と「お人よし」は、トラブルメーカー

失敗を前にしたとき、あらかじめ情報をもっている人と初耳という人とでは、対処方法もその効果も段違いの差が生まれる。

危機管理とは、そもそも、将来のミスやトラブルといった失敗をあらかじめ想定してアクション・プログラムの中に入れてしまうことをいうのである。

M&Aはますます盛んになっているが、敵対的な買収、つまり、乗っ取りに関するトラブルは後を絶たない。買収に対する危機管理が甘い企業が少なくない。

たとえば、合弁企業を50対50の株式割合で設立するとき、「将来、株式を売却する場合、事前に報告しなければならない」という一行を入れなかったために、1985

年の円高当時、海外進出企業（もちろん、日本企業）のうち、なんと85％もが手痛い失敗を被ってしまったのである。

日本の持ち株が55％、アメリカ45％の合弁会社があったとしよう。数年後に合弁解消の第一段階として、アメリカ側が5％の株式を買い増ししたい、と提案してきた。すなわち、持ち株比率として両社ともにイーブンにして、売上統合して対等のパートナーになりたいというわけである。このとき、国際感覚に溢れた経理担当役員は即座に断った。同時に、これは用心しなければいけない、とピンと来た。

それから2年後、そのアメリカ企業は「自分の持ち分（45％）をすべて売却したい」と突きつけてきたのである。以前、買いたいといったとき、日本側が「1株当たりいくらなら売る」と答えていた。「そんなに高いならやめる」と、そのときはご破算にする。ところが、彼らはこの数字をデータとして記憶し、数年後にはすべての株式を売却したらいくらになるか、を計算して要求してくるのが常なのだ（参考までに、売却を拒否することはできない）。この会社では、当然、2年前からいつ申し出があってもアタフタしないように社内のコンセンサスを十分にとっていたから、まったく揺るぎもせずに対応できた。

将来のミスやトラブルは必ず想定する

また、国際契約の場は緊張の連続である。

納品や販売、あるいはアフターサービスに関連してトラブルは多い。その際、契約書に「裁判は日本で起こしてもかまわない」という一文があるから安心だと考えている経営者をたまに見受けるが（実は多い！）、現実はそんなに甘いものではない。というのも、日本の裁判所でいくら勝訴したところで、外国企業に対してなんら訴求権がないからである。すなわち、国際取引の現場ではまったく意味をなさないのだ。相手も日本企業の訴訟に対して、そのまま放置しておくだけだろう。

国際センスのある経営トップならば、契約書を取り交わすとき、「日本での裁判の決定に無条件にすべて従う」という一文を明記することを忘れない。

日本企業の場合、合弁企業を設立する際にもっとも関心があるのは相手との釣り合いである。これは乗っ取り、吸収などをされないようにするためなのか、規模、実力ともに同等以下の企業と提携するケースが少なくない。

「これで安心、安心。うちと同規模かそれ以下だから、突拍子もないことをやり出したりはしない。あなた方を信じていますから、あなた方も信じてくださいよ」と浪花節的に考えて、「将来、株式を売却する場合、事前に報告しなければならない」という一文を契約書に入れておかないといったいどうなるか?

ある日、突然、一方的に株式を売られてしまって、気づいてみるとパートナーが替わっている。しかも、その相手は超巨大企業だった、ということにもなりかねないのだ。事実、こんなケースが実際に何件も起きている。研究開発力、生産技術力、圧倒的な資金と経営力と、どれをとってもかなわない。となれば、完全にリーダーシップは逆転してしまう。実質的な子会社扱いか、下手をするとせいぜい一部門としての地位しか与えられないかもしれない。

こういうリスクを回避するためにも、「30日間の予告期間をおいて、借りている資金を全額返済したいといえばできるようにする」という文言を追加で入れるべきではなかろうか。

国際ビジネスでは**「いい人」は「どうでもいい人」を意味し、「お人よし」とは単なる「無知」を指す**ものなのである。

「知りませんでした」では済まないのが失敗である。こんな愚を犯さないためにも、海外での情報に強くならなければいけない。

自分が不得手だとしたら、それなりの専門家をブレーンとして備えておくべきだ。備えあれば憂い無し、である。

失敗の予防学⑳

「挽回の法則」

新しい視点で〝大きな新天地〟が開ける！

1968年、アメリカのスリーエム社のスペンサー・シルバーは、掲示板を壁に貼れるほど強力な接着剤の開発を命じられたものの、結局、出来上がったものはものすごく弱い接着剤であった。

もちろん、商品化などできるはずもなく、お蔵入りになってしまった。

ところが、このうまくいかなかった研究結果を、社内に発表していたことが、後で幸いする。

まったく違う研究開発を担当していたアーサー・フライという人間がたまたま、教会でコーラス練習中に、いつも歌うべき楽譜のページや箇所がわからなくなって困っていた。ページーを破って挟んでもページをめくった拍子に落ちてしまって結局、わからなくなる。また、テープでとめれば剝がすときに楽譜を破いてしまう。「栞《しおり》に少しだけ接着剤をつければ、着脱がしやすくなる。楽譜に貼れば、今、どの箇所を歌っているかもわかる。コーラスだけじゃなくて、演奏者にとってもこれは便利だ。あの研究技術が使えるのではないか？」

栞の一部だけに弱い接着剤がついていれば、掲示板はもちろん、楽譜や本などの紙質でも剝がすときに傷まないで済む。アーサー・フライはスリーエム伝統の15％ルール（業務時間の15％を本業以外の好きな研究に費やしていい、というルール）によって研究を進め、5年間の歳月を費やしてポストイットを完成させた。

1980年のことである。

スリーエムには、「カールトン賞」という、いわば、社内のノーベル賞にあたる名誉があるが、彼はポストイットの研究開発により1983年に受賞している。

「ひとりの天才的な研究者よりも、100人の普通の研究者が違った視点で技術を見たほうが、最終的には成果は大きい」とフライは指摘するが、失敗も100人が見直せば、隠れている成功に気づく人間がひとり以上は出てくるのだろう。

ミスを歓迎した発明王

日本でも、スリーエムに負けない技術者や、エジソンに劣らない発明王が少なくない。

たとえば、中西幹育《もとやす》氏（アース研究会会長、事業創造研究所会長、静岡大学・日本工業大学・北見工大客員教授）は、特許が８００件、申請は優に１０００件を超えるという天才である。

彼が開発した曲面印刷技術「キュービックプリンティング」は携帯電話の着せ替えパネル、自動車の内装（木目調のパネルなどで世界シェア90％）で活躍し、大日本印刷をはじめとしてライセンス契約を結んでいる。

とくに「αＧＥＬ（アルファゲル）」は、１９９２年、スペースシャトル「エンデバー」に振動吸収材として搭載された。また、地上15メートルから落下させた卵がぶつかっても割れないというテレビＣＭでも有名になり、今、アシックスのスポーツシューズなどのクッション材に採用されている。その他、世界最小のインジケーターやウォーターハンマー防止器具、高熱伝導性プリント基板、燃料電池用改質器など数限りない技術開発を手がけている。

やはり、中西氏もスリーエムのデジモニ会長と同じことを述べている。**「失敗と挫折は開発者にとって大切な経験である」**と。

1999年、彼は某大手時計メーカーと提携して、スポーツ選手が腕にはめたままプレーしても衝撃を吸収して時計が狂わない、という時計バンドを開発していた。いわば、「αGEL時計バンド」ともいうべきものである。

「これは絶対に売れる！」と確信し、技術開発に余念がなかった。しかし、時代は「G-SHOCK」のブームを迎えて、薄くて軽い時計から厚くて重い時計が流行する、というトレンドに変わってしまい、泣く泣く開発を諦めざるをえなくなってしまった。時計業界の流行のスピードがめまぐるしく、開発テーマがマーケットニーズからずれてしまった、というわけである。

ところがそれから5年後、ある鉛筆メーカーの営業マンが訪ねてきて、「αGEL は感触がいいだけでなく、長時間使ってもペンだこができない。ライバル社の製品よりも優れているのではないか」という提案を受けたのである。時計バンドでは一敗地にまみれたけれども、ボールペン、シャープペンシルへの搭載は時計バンドの技術を転用するだけで、ほぼいける。なんと、開発時間はゼロであったという。

こうしてできたのが「アルファゲル・グリップ（三菱鉛筆）」である。αGELの衝撃吸収技術をボールペンとシャープペンシルに用途開発したものである。今、この商品は600万本も販売され、年間数十億円も稼いでいるというのだから、いかに視点を変えて見ることが重要かを物語ってくれる。

たとえ失敗したとしても、いつかリベンジしてやろうという気持ちをどこかにもっていないと、成功をものにはできない。

失敗学はトラブルやミス、失敗という体験を知識化して、それを知恵、情報として誰もが活かせるようにすることを狙いとしている。

だが、さらに一歩進めて、失敗事例を失敗事例として見るのではなく、こうすれば成功するかもしれないというようにポジティブなスポットライトを浴びせることも考えなければいけない。もしかすると、今まで視点を変え損なったがために、失敗を失敗のまま葬り去ってきた歴史があるのではないか。

この点をもう一度、検証してみたい。

ミスを〝未来の財産〟にする唯一の方法

失敗学を研究していると、必ずしも失敗がネガティブなものだけではないことに気づく。

後で失敗の歴史をたどれば、失敗が未来への財産になっていたり、未来の投資になっていたことが少なくない。もちろん、それは今まで何度も述べてきたように、失敗が垂れ流しではなく、知識化、教訓化できていたという条件付きである。

致命傷にならないかぎり、失敗することで明らかにスキルやノウハウは蓄積されていく。それはそのままキャリアになる。

なんの教訓も得られない成功を続けるくらいなら、こういう失敗を何度もしたほうが会社として、個人として、経験豊富になることはたしかだ。

この味がわかるビジネスマンは、さすがに笑顔は見せないけれども、失敗が起きても、嫌な顔ひとつせずに歓迎するのである。

マージャンやトランプをしているとわかることだが、ツイているときはなにをやっても勝つ。問題はツイていないときである。確率を考えてどの手が最適かをゲーム中、ずっと考える人は大きく負けない。熱くなってその思考を止めてしまうと、後は大損の山である。

技術者の派遣やプロジェクトの受託事業を展開する一部上場企業として知られる、アルプス技研の松井利夫氏（創業者）はその典型で、口癖は**「ウェルカム・トラブル！」**なのだ。仕事にはトラブルがあって当然、トラブルがあってこそ安心できる。トラブルがないと、溜まりに溜まって、ある日、ドカンと致命傷を食らうのではないか、と考えているのだ。

ところが、世の中のほとんどの人はミスやトラブル、事故が発生すると、一瞬で顔色が変わったりする。いきなり機嫌が悪くなったり、ヒステリー状態になる人も少なくない。これはトラブルに対して免疫力がない証拠といえよう。

こういう人に、「実はトラブルが……」などと報告できるだろうか？　できるという人がいたら、よっぽど強靭な心臓の持ち主か、使命感に溢れた人のいずれかだろう。

たいていは、報告せずにできるだけ自分たちで解決しようと頑張ってみるはずだ。それで解決すればいいが、解決できないときは致命傷になっているかもしれない。いつもマスコミを騒がせる大事故、大事件はこういう構図になっている。

つまり、「ウェルカム・トラブル！」ではなくて、「オー・ノー・トラブル！」という人が多いからこそ、失敗の隠蔽が行われてしまうわけである。

失敗に対して感謝できる人は、ある意味で精神的に余裕のある人間である。余裕があるから動じない。動じないから、周囲に安心感を与え、そして、物事を広く見て冷静に判断できる。結果として、成功を呼び込めるのである。

かつて、松下幸之助が経営の免許皆伝と認めた人物に丹羽《にわ》正治《まさはる》氏がいる。松下電器グループの大卒第一号であり、松下電工の社長、会長を長らく務めた人物である。「丹羽君に任せているから」と幸之助は松下電工の役員会にはほとんど出席しなかった、といわれる。

この丹羽氏に、「幸之助さんの特長は？」と聞くと、

「失敗したら自分が悪い。成功したら運が良かった。徹底してこう考える人でした」

と返ってきた。

普通は、失敗すると、あの従業員が悪い、景気が悪い、タイミングが悪い、営業が悪い、技術が悪いとお互いに罪をなすりつけたがるものである。

しかし、そんなことは考えず、即、「自分が悪い」と考える。だから、当たり前のように対策を講じるのも早くなる。

実はこの当事者意識＝使命感こそ、失敗をリカバーする最強のモチベーションになっている。

「ウェルカム・トラブル」とはニュアンスが違うけれども、迷うことなくすぐにアクションに移せる習慣となっているのである。

ぜひ、教訓にしたいものである。

いつか〝リベンジ〟してやろうと考える

「汝、アイデアを殺すなかれ」とキリスト教の戒律になぞらえて、アメリカの超優良企業スリーエムではこのフレーズを研究開発のモットーとしている。

研究開発に関しては世界でも折り紙付きの会社である。「失敗から得る経験は大きい。それに失敗が死を意味するわけではない」というのは、スリーエムのデジモニ会長である。

彼は1991年に会長に就任して以来、よく語る失敗談がある。

「75年に開発チームに超軽量不織布を作る研究を打ち切るように命じた。金食い虫で成果がぜんぜん上がらないから見切りをつけたのだ。ところが、チームは秘密に開発を続け、私が直属上司でなくなったら大っぴらに研究を始めてしまい、ついに軽量で防寒に優れたシンサレートを作り上げてしまった。いまや、スキーウエアに用途開発されるヒット商品である」という話である。

いつかリベンジしてやると考えることが大切である。失敗するまでの研究開発のエネルギーは、人生の宝である。無駄にするのはもったいない。粘ってもう1回挑戦してみよう。

5章のまとめ

・「マニュアルは常に守られるとは限らない」という立場で考えたほうがいい

・安易に成功例をなぞろうとしても、失敗に終わることが多い

・「いい人」は「どうでもいい人」であり、「お人よし」とは「単なる無知」である

・ひとつのミスも、複数の視点から検証することで思わぬ成功が生まれる

・「当事者意識」「使命感」が、失敗をリカバーする最強のモチベーションになる

・ミスをしても「いつかリベンジしてやる」という姿勢をもつ

おわりに

成功をつかむことが、失敗学の最終目的

これまでに、ビジネスマン、サラリーマン、経営者の失敗事例や、彼らがミスを逆転して成功した事例を集めて、失敗学を展開した。

個々の状況について、失敗の対処はそれぞれ異なってくる。ここではコンピテンシー（competency＝できる人の行動特性）が求められるだろう。

つまり、**「失敗を予測・回避し、それを成功のために活かす人はどのような行動規範をもっているか」**ということが求められるのだ。

結論から先にいうと、「はじめに」で述べたように、**「おごるな、隠すな、我が身を正せ」**が最重要のコンピテンシーになる。

そして、失敗してもあわてずに「我が身を正せ」るように、あらかじめシミュレーションを行って事前準備しておくことが大事だ。

さらに、「我が身を正せ」の対策として、精神的な反省だけではなく、根本的に仕

組みを変えるような事後処理も不可欠である。

本書で紹介した20の法則を並べてみると、なぜかミスをしない人のコンピテンシーが導ける。自分の周りにもこんな人物がいるはずである。つまり、**失敗に動じることなく、正直に事態を分析し、ことが大きくなる前に次の一手を打つような人**である。

これらの法則を幻の滝を探しに沢を登っているときの教訓にあてはめてみよう。冒険の目的は「幻の滝を発見する」ことである。そのために、沢登りのときに遭難してはならない。

しかし、遭難しないことが目的ではない。これは手段のひとつである。道が行き止まりになるたびに、地図に書き加えていけば、自分が失敗しても今後の滝への冒険者に有効な手引書が出来上がる。

ビジネスでも同じである。目的は「商品を売って利益を得る」ことである。そのためには、営業中にお客とトラブルを起こしてはならない。

しかし決して、トラブルを起こさないことがビジネスの目的ではない。トラブルを起こさないことは商品を売るための手段のひとつである。災い転じて福となすように、クレームによって欠点が早めに顕在化したらそれを喜び、速やかに改善して他社製品との差別化をはかるべきである。

この本のテーマである「ミスを予防する」ことは、ビジネスの最終的な目的ではない。考えてみてほしい。失敗しないことは簡単に達成できる。新しいことには何も挑戦せずに、安全で旧態依然とした事業にとどまればいいのだから。

しかし、サッカーの試合でも、失点を防ぐだけでは試合には勝てない。得点をあげないと勝てないのである。目的は「試合に勝つ」ことである。目的と手段を間違えてはならない。

すなわち、**失敗学の目的は「成功すること」である。**そしてその目的を達成するための手段が失敗学――「ミスを予防して損失を小さくすること」である。

本書が読者の皆さんに「ミスを活かして成功を勝ち取ろう」という勇気を与えることができたら、望外の喜びである。

本書は、小社より刊行された単行本『失敗の「予防学」』を、文庫収録にあたり再編集し、改題したものです。

中尾政之（なかお・まさゆき）

東京大学大学院工学系研究科教授・博士（工学）。1983年、東京大学大学院工学系研究科修士課程修了後、日立金属（株）に入社、磁性材料研究所に勤務。1989年、HMT Technology Corp.（米国カリフォルニア州）に出向し、磁気ディスク生産設備の立ち上げに従事。1992年より東京大学工学部助教授、2001年より現職。ナノ・マイクロ加工、加工の知能化、科学器械の微細化などの生産技術に関する研究に従事すると同時に、失敗学のエキスパートとしてテレビや新聞などのメディアでも活躍している。

主な著書に『失敗は予測できる』『失敗百選』『生産の技術』『設計のナレッジマネジメント』などがある。

知的生きかた文庫

なぜかミスをしない人《ひと》の思《し》考法《こうほう》

著者　中尾《なかお》政之《まさゆき》
発行者　押鐘太陽
発行所　株式会社三笠書房
〒一〇二—〇〇七二　東京都千代田区飯田橋三—三—一
電話〇三—五二二六—五七三四〈営業部〉
〇三—五二二六—五七三一〈編集部〉
http://www.mikasashobo.co.jp
印刷　誠宏印刷
製本　若林製本工場

ISBN978-4-8379-8233-3 C0130